Stadtplan von Coburg

Maßstab 1 : 8000

Eigentum und Verlag Coburger Tageblatt

zum Antrag Herrn Heinz Hennig Coburg, Schindberg.

um 1928

Kartogr. Anst. d. Hofbuchdruckerei Eisenach H. Kahle A.-G.

Blick in den Schlosshof der Ehrenburg zum Treppenturm aus dem Jahr 1590.

Coburg
einst & jetzt

*Die evangelische Stadt-
pfarrkirche St. Moriz
mit ihrem rund 70 Meter
hohen Turm.*

Christian Boseckert

Coburg *einst & jetzt*

Eine spannende Zeitreise in faszinierenden Bildern

SUTTON

Inhalt

Einleitung ... 6

1 Landkrankenhaus ... 8
2 Ketschendorfer Straße ... 10
3 Terrassencafé im Rosengarten ... 12
4 Ketschentor und Landgerichtsgebäude ... 14
5 Säumarkt ... 16
6 Salvatorkirche mit Friedhof ... 18
7 Ratsschule ... 20
8 Ketschengasse 15 ... 22
9 Ecke Kirchgasse / Steingasse ... 24
10 Steintor ... 26
11 Pilgramsroth und Eckardtsberg ... 28
12 Landgerichtsgefängnis ... 30
13 Veste Coburg ... 32
14 Kleiner Rosengarten ... 34
15 Reithalle ... 36
16 Schlossplatz ... 38
17 Gasthof „Loreley“ ... 40
18 Landestheater und Edinburgh-Palais ... 42
19 St.-Augustin-Kirche ... 44
20 Prinz-Josias-Denkmal ... 46
21 Gemüsemarkt ... 48
22 Oberer Bürglaß 20 ... 50
23 Gustav-Dietrich-Haus ... 52
24 Maschinenbaufabrik Kaeser ... 54
25 Rosenauschlösschen ... 56
26 Heiligkreuzbrücke ... 58
27 Kasernenstraße ... 60
28 Heiligkreuzschule ... 62
29 Hochwasserkatastrophe am Kanonenweg ... 64

30 Maschinenfabrik Flocken 66
31 Bahnhofsplatz 68
32 Itzpromenade 70
33 Bergerblock 72
34 Hindenburgstraße und Hauptpost 74
35 Kindlesbrunnen am Hahnfluss 76
36 Steinweg 15 78
37 Stadtmühle 80
38 Ilse-Kohn-Platz 82
39 Mohrenstraße 84
40 Judenanger 86
41 Ernst-Alexandrinen-Volksbad 88
42 Jean-Paul-Haus am Adamiberg 90
43 Parkhotel und Judenbrücke 92
44 Webergasse 94
45 Mauer 96
46 Spitalgasse 98
47 Die lange Kram 100
48 Stadthaus und Markt 102
49 „Residenzcafé“ 104
50 Hexenturm 106
51 Gesellschaftshaus am Ernstplatz 108
52 Angerturnhalle 110
53 Städtische Werke 112
54 Wasserbehälter am Plattenäcker 114
55 Schlachthofkreuzung 116
56 Güterbahnhof 118

Bildnachweis 120
Über den Autor 121

Einleitung

Das am Südhang des Thüringer Waldes gelegene und seit 1920 zu Bayern gehörende Coburg entwickelte sich aus zwei Siedlungskernen, von denen der eine im Tal, nahe einer Furt durch den Fluss Itz, lag. Der andere Siedlungskern befand sich oberhalb des Itz-Tales auf dem heutigen Festungsberg. Dort bestand ein früheres Reichsgut, welches durch eine Schenkung 1056 in den Besitz des Kölner Erzbischofs kam. Aus dem bischöflichen Besitz entwickelte sich im 13. Jahrhundert eine Propstei der Benediktinerabtei Saalfeld und die 1225 erstmals erwähnte Veste Coburg. Siedlung und Veste gehörten zunächst den Herzögen von Andechs-Meranien und ab 1248, mit einer kurzen Unterbrechung, den Grafen von Henneberg. 1353 übernahmen die Wettiner den Besitz und behielten ihn bis zum Ende der Monarchie 1918.

Mehrmals wurde Coburg infolge von Landesteilungen Residenzstadt eines wettinischen Herzogs. Dabei hinterließen viele Landesherren tiefgreifende architektonische Spuren im Stadtbild. Solche sind beispielsweise die zwischen 1597 und 1599 errichtete herzogliche Kanzlei am Markt, der im 19. Jahrhundert angelegte Schlossplatz mit der Stadtresidenz Ehrenburg und das 1684 eröffnete Theater. Neben dem fürstlichen Gepräge bestimmt auch das Coburger Bürgertum das Bild der Stadt. Die im 12. Jahrhundert expandierende Marktsiedlung bildete sich in der ersten Hälfte des 13. Jahrhunderts zu einer Stadt aus. 1331 verlieh Kaiser Ludwig IV. Coburg erweiterte Stadtrechte. Um 1400 entstand der heutige Markt mit dem Rathaus, das in seiner heutigen Form aber aus dem Jahr 1752 stammt. Eine Stadtbefestigung lässt sich ab dem 13. Jahrhundert nachweisen. Nach ihrem teilweisen Abbruch ab 1798 blieben drei Stadttore und einige Türme erhalten. Bürgerliches Leben spiegelt sich außerdem bis heute in repräsentativen Bürgerhäusern und den zahlreichen Handwerksbetrieben wider. Straßennamen wie Webergasse und Gerbergasse erinnern beispielhaft an alte Handwerksviertel und bedeutende Berufe.

Eine große Veränderung brachte die Industrialisierung, die mit der Eröffnung des Coburger Bahnhofs 1858 einsetzte. Es entstanden neue Straßenzüge wie die Mohrenstraße mit neuen Stadtvierteln. Zudem siedelten sich Firmen und Fabriken an, wodurch viele Menschen vom Land in die Stadt zogen. Eine bedeutende Gruppe, die dies damals tat, waren die Juden. Sie fügten sich in die Stadtgesellschaft ein und eröffneten eigene Unternehmen. Nach der Einführung der Reformation in den 1520er-Jahren hatten die Katholiken die Stadt verlassen oder konvertieren müssen. Schon zu Beginn des 19. Jahrhunderts hatten sich wieder Katholiken in Coburg angesiedelt. 1860 erhielten sie nun ihre eigene Kirche. Das heute noch vorherrschende protestantische Gepräge Coburgs blieb davon unberührt. Das Industriezeitalter war in Coburg zudem vom Ausbau der städtischen Infrastruktur geprägt. Es entstanden damals neue medizinische und gesundheitsfördernde Einrichtungen wie das Landkrankenhaus oder das Ernst-Alexandrinen-Volksbad. Als Teil der technischen Infrastruktur versorgten die Städtischen Werke ab 1854 die Bürger mit Gas. Kluge Köpfe wie der Fabrikant Andreas Flocken experimentierten mit der neuesten technischen Errungenschaft, nämlich mit der Elektrizität. In diesen Jahrzehnten entstanden auch die bedeutendsten Parkanlagen der Stadt.

Diese hier beschriebene Vielfalt Coburgs will der Bildband anhand historischer Fotoaufnahmen zeigen, die meist aus der Zeit zwischen 1900 und 1910 stammen. Der Autor durchforstete dafür hauptsächlich private und staatliche Bestände. Vor allem sind hier die Initiativen des Stadtmuseums Coburg und des Staatsarchivs Coburg zu nennen, die bereitwillig ihre Bildsammlungen zur Verfügung stellten. Großer Dank gilt auch Rolf Metzner und Karl-Ulrich Pachale für die Überlassung ihrer Fotodokumente. Gegenüberstellend werden aktuelle Fotos aus dem 21. Jahrhundert gezeigt, die der Autor aufgenommen hat. Sie offenbaren die Veränderungen, die nach dem Ende des Zweiten Weltkrieges eintraten. So zwang die immer größer werdende Mobilität die Stadtplaner dazu, Straßen in der Coburger Innenstadt anzulegen und auszubauen. Der Begriff der „autogerechten Stadt" führte auch zu zentralen Parkhäusern. Daneben gingen durch die Altstadtsanierung, die in den 1970er-Jahren einsetzte, zahlreiche Altbauten verloren. Wie diese Veränderungen soll auch der Wandel des Alltags gezeigt werden. So verschwanden die öffentlichen Bratwurstbratereien fast vollständig von der Bildfläche. Auch der Schulalltag veränderte sich gewaltig, wie an der 1907 eröffneten Heiligkreuzschule gezeigt wird.

Die Reihenfolge der Bilderpaare folgt einem Rundweg, der im Süden der Stadt beginnt, die Innenstadt durchquert, in die nördlichen Viertel führt und von dort auf einer anderen Route in südlicher Richtung verläuft. Die Auswahl der Bilder erfolgte anhand verschiedener Kriterien: Berücksichtigung fanden Aufnahmen von bedeutenden Sehenswürdigkeiten, wichtigen öffentlichen Einrichtungen, Straßen und Plätzen sowie alltägliche Szenen. Abgerundet wird diese Auswahl durch Gruppenaufnahmen, beispielsweise von Soldaten oder Feuerwehrleuten. Inhaltlich fand vor allem ein chronologischer und struktureller Ansatz Verwendung. Dagegen verzichtete der Autor weitestgehend auf eine biografische Herangehensweise wie auch auf Einzelporträtaufnahmen. Die aktuellen Aufnahmen bilden aufgrund möglicher rechtlicher Einwendungen keine Personen ab.

Schließlich widme ich dieses Buch meinen Eltern, die mich stets bei meiner Arbeit unterstützt haben.

Landkrankenhaus

Mit der Industrialisierung verbesserte sich im 19. Jahrhundert die medizinische Versorgung der Menschen. Auf Initiative Herzog Ernsts II. von Sachsen-Coburg und Gotha eröffnete 1862 in Coburg das erste moderne Krankenhaus mit 85 Betten, zwei Ärzten und einem Chirurgen. Allerdings reichten die Kapazitäten nicht lange aus. Der Staat erwarb deshalb 1899 die sogenannte Villa Gottwald am südlichen Stadtrand von Coburg. Dort entstand bis 1903 ein neues Landkrankenhaus mit 128 Betten. Zu der Einrichtung gehörten ein Wirtschaftsgebäude mit Kesselhaus, eine Direktorenvilla, Küche und Wäscherei sowie ein Leichenhaus mit Sektionssaal. Das historische Foto aus der Zeit um 1905 zeigt das aus der Villa Gottwald entstandene Hauptgebäude des Krankenhauses. Vor der ehemaligen Villa führt eine Auffahrt in den Eingangsbereich des Krankenhauses.

Das fortwährende Bevölkerungswachstum zwang dazu, das Krankenhaus weiter auszubauen. So wurde das Haupthaus zwischen 1928 und 1933 vergrößert und dadurch die Kapazität auf 232 Betten erhöht. Weitere Um- und Ausbauten folgten, sodass das Landkrankenhaus bis 1971 über 626 Betten verfügte. Letztmalig wurde die inzwischen als Klinikum bezeichnete Einrichtung zwischen 1982 und 2002 erweitert. Dennoch sind die Tage des Krankenhauses

an diesem Standort gezählt. Seit 2016 gibt es Bestrebungen, in Coburg ein Großklinikum mit 750 Betten zu errichten. Ein dafür notwendiges Grundstück wurde 2022 im Norden der Stadt erworben. Die Bauarbeiten sollen 2023 beginnen.

Ketschendorfer Straße

Bürgerlich-vorstädtisch zeigte sich noch zu Beginn des 20. Jahrhunderts die Ketschendorfer Straße. Sie wurde 1746 auf Anordnung von Herzog Ernst Friedrich von Sachsen-Coburg-Saalfeld ausgebaut. Ursprünglich endete hier mit der Nikolauskapelle und dem anschließenden Leprosorium die Stadt. Erst zu Beginn des 20. Jahrhunderts verschob sich die Stadtgrenze weiter nach Süden. Dabei entstanden einige repräsentative Mietwohnhäuser, die nur wenig von ihrer architektonischen Ausstrahlung verloren haben. Hinter diesen Gebäuden lagen Werkstätten und Fabrikgebäude, sodass man an dieser Stelle auch von einer industriellen Bebauung sprechen kann. Das historische Foto aus dem Jahr 1910 zeigt die Häuser Ketschendorfer Straße 44, 48 und 50, die zwischen 1904 und 1905 erbaut wurden. Im vorderen Gebäude befand sich die „Gastwirtschaft Hopfenblüte" mit ihrem Biergarten. Ein Firmenschild in der Bildmitte verweist auf die Maschinenfabrik des Ingenieurs Franz Wittmann, dessen Betrieb auf der Rückseite des Hauses Ketschendorfer Straße 48 lag. Daneben fallen der ungepflasterte Bürgersteig und die vielen Alleebäume der Straße auf.

Die heutige Ketschendorfer Straße behielt diesen Charakter nur teilweise. Die „Gastwirtschaft Hopfenblüte" existierte unter anderem Namen noch bis in die 1990er-Jahre. Schließlich erwarb die seit 1919 im Haus Ketschendorfer Straße 44 ansässige Metallwarenfabrik Brose die drei Anwesen und ließ diese zwischen 1999 und 2001 vorbildlich sanieren. Der Volksmund nennt die Gebäude seither Brosehäuser.

Terrassencafé im Rosengarten

Zu einem großen Publikumsmagneten entwickelte sich der Rosengarten, der 1929 als Deutsche Rosenschau eröffnet wurde. Neben zahlreichen Pflanzen und Tieren gab es in diesem Park ein Terrassencafé im Bauhausstil. Eine Attraktion des Lokals war die große Freitanzfläche, die abends beleuchtet werden konnte. Das Café wurde zu einem beliebten Treffpunkt für die Bevölkerung. An den Nachmittagen traf sich hier die Bürgerschaft zu Kaffee und Kuchen. Konzerte untermalten die angeregten Gespräche unter den Besuchern. Eine solche Szene scheint auch die historische Aufnahme aus der Zeit nach 1930 wiederzugeben. Abends lud das Terrassencafé dann zum Tanz, was besonders bei der Jugend gut ankam. Zur Winterzeit blieb das Café geschlossen. Die Inhaber betrieben daher noch einen weiteren Gastronomiebetrieb in

der Innenstadt. Ungewöhnlich war die Tatsache, dass die Gäste Eintritt für den Rosengarten bezahlen mussten, um ins Terrassencafé zu gelangen. Einen Zugang von außerhalb des Parks gab es nämlich nicht.

1962 erfolgte eine völlige Umgestaltung des Rosengartens. Die zahlreichen Pflanzenbeete verschwanden zugunsten einer englischen Rasenfläche. Gleichzeitig wurde das Terrassencafé zum Verdruss der Bevölkerung abgerissen. Erst Jahrzehnte später erfuhr das Areal wieder eine gastronomische Nutzung. 2021 eröffnete dort mit dem „Stadt-Strand Coburg“ ein Sommerlokal mit Urlaubsidylle. In diesem Zusammenhang erhielten Teile des Parks eine Sandoberfläche, wie auf dem aktuellen Foto zu sehen ist.

Ketschentor und Landgerichtsgebäude

Das im ersten Drittel des 14. Jahrhunderts erbaute Ketschentor bildet bis heute die Südpforte zur Coburger Altstadt. Es war der Eingang für alle Kaufleute, die von Nürnberg kamen und in Coburg Handel treiben oder nach Leipzig weiterreisen wollten. 1713 erhielt das Tor ein achteckiges Obergeschoss mit barocker welscher Haube. Die beiden neugotischen Seitenflügel entstanden 1828. Mit dem zunehmenden Verkehrsaufkommen entwickelte sich der Turm im 20. Jahrhundert jedoch zu einem Nadelöhr. 1956 wurde deshalb eine zweite Tordurchfahrt geschaffen. Bei der Altstadtsanierung kam es 2018 zu einer Fahrbahnverengung, weshalb heute nur noch eine Durchfahrt für den Straßenverkehr genutzt wird.

Dem Ketschentor rechts anschließend befand sich das Landgerichtsgebäude. Es wurde 1837 zunächst als Mädchen- und Waisenhaus errichtet. Später war es Wohnsitz des britischen

Geschäftsträgers am Coburger Hof und Residenz des Erbprinzen Ernst und seiner Frau Alexandrine. 1845 zog das herzogliche Ministerium in das Gebäude ein und blieb dort bis zum Ende der Coburger Eigenständigkeit im Jahr 1920. Ab 1881 saß hier auch der Landtag. Nach dem Anschluss Coburgs an Bayern nutzte der Freistaat das Haus ab 1921 als Landgericht. In den letzten Kriegstagen 1945 wurde es durch Artilleriebeschuss zerstört. Auf dem Areal entstand schließlich zwischen 1953 und 1957 ein neues Gerichtsgebäude, in dem die Coburger Justizbehörden noch heute ansässig sind. Der Neubau liegt von der Straße weiter entfernt und ist deshalb auf dem aktuellen Bild nicht zu sehen.

Säumarkt

Jeden Samstag wurden seit 1862 in der Ketschengasse vom frühen Morgen bis zum Mittag Schweine angeboten und verkauft. In der Regel handelte es sich dabei um Ferkel, die von Landwirten aus der näheren Umgebung und von Viehhändlern an die Kunden veräußert wurden. Der Transport der Ferkel erfolgte in breiten, offenen Körben. Vor dem Verkauf mussten die Tiere noch ärztlich untersucht werden. Das geschah am Markteingang vor dem Ketschentor. Die Käufer transportierten ihre jungen Schweine meist in einem Huckelkorb auf dem Rücken heim.

Der Säumarkt verursachte zwischen 1878 und 1910 einen Papier- und Zeitungskrieg. Diesen fochten schreibwütige Bewohner der Ketschengasse miteinander aus. In das Geschehen mischten sich viele Bauern und der Verband landwirtschaftlicher Vereine des Herzogtums Coburg ein. Der Magistrat der Stadt und ihr Polizeiamt versuchten immer wieder, Frieden

zu stiften. Die Frage war, ob der Säumarkt aus hygienischen Gründen von seinem angestammten Platz verschwinden sollte oder nicht. Als Alternative schlugen die Befürworter eine Verlegung auf den nahen Ketschenanger vor. Doch der Markt blieb in der Ketschengasse, wie auch das historische Bild aus der Zeit um 1920 zeigt. Erst 1939 wurde er auf das Gelände des Coburger Schlachthofes verlegt. Das Areal zwischen Ketschentor und Säumarktbrunnen diente fortan als Auto-Parkplatz.

Seit der Sanierung des Säumarktes 2018 dominiert auf dem Platz vor allem das Gastwirtsgewerbe, das die freien Flächen für die Außengastronomie nutzt.

Salvatorkirche mit Friedhof

Nachdem Bestattungen auf dem Kirchhof bei der Stadtpfarrkirche St. Moriz aus Platzgründen nicht mehr möglich waren, entstand in der Ketschenvorstadt ein neuer Friedhof. Dieser wurde 1494 geweiht. Dem Gottesacker fehlte aber ein Gotteshaus. Es gab lediglich ein Predigerhäuslein, von dem aus die Geistlichen den Hinterbliebenen Trost zusprachen. Auf Anregung des Coburger Kanzlers August Carpzov und des herzoglichen Konsistoriums errichtete die Stadt schließlich zwischen 1658 und 1662 eine Friedhofskirche. Gewidmet wurde sie Jesus Christus in seiner Eigenschaft als „salvator mundi", also als Retter der Welt. Diesen Namen übertrug man auch auf den Friedhof.

Dieser Salvatorfriedhof blieb bis 1851 in Benutzung. Danach fanden die Bestattungen auf einem neuen Friedhof auf dem Glockenberg statt. Infolgedessen wurde der alte Gottesacker zwischen 1902 und 1903 zu einer Parkanlage umgestaltet. Diese Situation zeigt das historische Foto aus der Zeit um 1905. Zu dem Park gehörte ein Fischteich, der schon bald nach seiner Anlegung wegen eines unterirdischen Gewölbes absackte. An derselben Stelle befindet sich heute ein Brunnen. In der Zeit nach dem Zweiten Weltkrieg verwahrloste die Anlage zusehends. 1985 erfolgte im Auftrag der Stadt eine Neugestaltung. In diesem Zustand zeigt sich der ehemalige Friedhof noch gegenwärtig. Es gab in den letzten Jahren jedoch Bestrebungen, die Anlage wieder zu verschönern, was aber bisher nicht realisiert wurde. In der Salvatorkirche finden heute nur vereinzelt Gottesdienste statt.

Ratsschule

Das Gebiet um die Morizkirche war seit dem Mittelalter sehr geistlich geprägt. Um 1250 siedelte sich hier eine Propstei des Benediktinerklosters Saalfeld an, die vorher auf dem Festungsberg gelegen hatte. Aus der Klosterkirche entwickelte sich ab 1323 die Stadtpfarrkirche St. Moriz. Das Patronat oblag seinerzeit dem Saalfelder Abt. Auf das Kloster ging die erste, 1312 bezeugte Lateinschule zurück, an der sich spätestens seit dem 15. Jahrhundert die Stadt Coburg beteiligte. Die strukturelle Nähe von Schule und Glauben ließ sich noch 1940, zur Entstehungszeit des historischen Fotos, deutlich erkennen. Zu sehen sind darauf der zwischen 1380 und 1400 errichtete Langchor der Morizkirche mit seinem Eingangsportal am früheren Kirchhof und die ehemalige sogenannte Ratsschule, die während der Reformation in den 1520er-Jahren aus der Lateinschule hervorging. Das mittelalterliche Schulhaus wurde jedoch schon 1576 abgerissen. An derselben Stelle errichtete die Stadt in den Jahrhunderten danach zwei Neubauten. Das historische Bild zeigt das Schulhaus, das zwischen 1832 und 1833 entstanden ist. 1848 wurde die Ratsschule in eine Bürgerschule umgewandelt. Die neue Anstalt bereitete ihre Schüler nicht mehr auf den Unterricht im naheliegenden Gymnasium Casimirianum vor, sondern bildete fortan Kaufleute und Handwerker aus. Nach der Verlegung der Bürgerschule 1890 diente das Schulhaus unterschiedlichen Bildungseinrichtungen als Sitz, zuletzt als Ausweichquartier. 1988 wurde die Schule zugunsten eines städtischen Verwaltungsbaus abgerissen.

Ketschengasse 15

Im erstmals 1490 erwähnten Haus Ketschengasse 15 befand sich im 19. Jahrhundert eine Kleinbrauerei mit Bierausschank, die der Seilermeister Heinrich Gottlieb Obenauf betrieb. 1838 übernahm Obenaufs Schwiegersohn Anton Sturm das Geschäft und brachte es zu großer Blüte. Sturm eröffnete deshalb 1847 einen Biergarten außerhalb der Stadt. Sechs Jahre später plante er den Bau einer neuen Brauerei. Dieser scheiterte am Widerstand Herzog Ernsts II. von Sachsen-Coburg und Gotha. Erst 1873 konnte Sturm dieses Projekt realisieren. Die Brauerei entstand schließlich an der Callenberger Straße, wo sie bis 2001 existierte. Die Bierstube in der Ketschengasse bestand nach Sturms Tod 1874 weiter und wurde von den beiden ledigen Töchtern des Firmengründers bis 1919 geführt. Im Volksmund hieß das Lokal damals „Sturms Tanten“. Das historische Foto zeigt das Haus in der Zeit vor 1899, als die Wirtschaft schon von den Schwestern geführt wurde. Vor dem Gebäude befindet sich der Sturmsbrunnen, welcher 1395 erstmals in städtischen Quellen Erwähnung fand.

Aus Verkehrsgründen musste der Brunnen, der in seiner Ausgestaltung aus dem 17. Jahrhundert stammt, verkleinert werden. Er erhielt deshalb 1899 ein neues Becken. Das Haus Ketschengasse 15 erfuhr 1921 eine Aufstockung um eine Etage, wodurch es sein gegenwärtiges Aussehen erhielt. Eine Gaststätte gab es dort unter anderem Namen bis in die 1950er-Jahre. Heute befindet sich in dem Anwesen ein Modegeschäft. Von den vielen Kleinbrauereien, die es einst in Coburg gab, existiert gegenwärtig nur noch eine.

Ecke Kirchgasse / Steingasse

Mittelalterlich mutet die Einmündung der Kirchgasse in die Steingasse an. Dort stehen noch heute Häuser, die aus dem Mittelalter stammen. Zunächst fällt auf dem historischen Foto aus dem Jahr 1919 das linke Eckhaus auf. Der vierstöckige Bau wurde zwischen 1467 und 1468 errichtet und zählt wegen seines Aussehens zu den bemerkenswertesten Bürgerhäusern in der Altstadt. Lange Zeit vermuteten Historiker, dass in diesem Gebäude zwischen 1508 und 1511 der Maler Lucas Cranach der Ältere gelebt hat. Dies gilt allerdings inzwischen als widerlegt.

In der Bildmitte ist die 1682 eröffnete Hofapotheke zu erkennen. Das Haus wurde bereits Mitte des 15. Jahrhunderts erbaut und diente zahlreichen Coburger Bürgermeistern als Wohnsitz. Das Gebäude zeichnet sich bis heute durch einen für Coburg untypischen vorreformatorischen Hausschmuck aus. So finden sich an der Fassade in der Steingasse Figuren der Muttergottes und des heiligen Christophorus aus der Zeit um 1500.

In dem sich anschließenden Gebäude aus dem 16. Jahrhundert betrieb der Buchdrucker und Pharmazeut Cyriacus Schnauß ab 1558 die erste Apotheke Coburgs. Sie bestand bis 1594. Insgesamt gab es im frühneuzeitlichen Coburg nur zwei Apotheken. Erst 1928 kam aufgrund steigender Einwohnerzahlen eine weitere hinzu. Heutzutage gibt es zwölf Apotheken in der Vestestadt.

Die Straßenecke zeigt sich heute wenig verändert. Die Freilegung des Fachwerks am Eckhaus erfolgte 1952. Das Hintergebäude der Hofapotheke wurde 1966 abgerissen und durch einen Neubau ersetzt.

Steintor

Früher starben die Menschen oftmals zu Hause im Kreis ihrer Familie. Sie wurden dort aufgebahrt, sodass Verwandte und Nachbarn im Haus Abschied nehmen konnten. Schließlich brachte man den Leichnam auf einem Trauerwagen durch die Stadt hinauf zum

Friedhof auf dem Glockenberg, wo die Verstorbenen ihre letzte Ruhestätte fanden. Dabei musste der Trauerzug das Steintor passieren. Der Name rührt von einem Stadttor her, das 1810 abgerissen wurde. Wie so ein Zug aussah, lässt sich heute nur noch für fürstliche Trauerfeiern zeigen.

Ende Dezember 1904 starb Herzogin Alexandrine von Sachsen-Coburg und Gotha auf Schloss Callenberg. Nach einem Gottesdienst in der Morizkirche bewegte sich der Trauerzug zum Friedhof, wo die Fürstin in dem zwischen 1853 und 1858 errichteten herzoglichen Mausoleum bestattet wurde. An der Wegstrecke dokumentierten zahlreiche Fotografen das Ereignis. So entstand auch das historische Foto auf Höhe des Steintores. Neben der Lafette mit dem Sarkophag fallen die zahlreichen Trauergäste auf sowie die vielen Untertanen, die am Straßenrand standen oder aus den Fenstern blickten, um der Verstorbenen die letzte Ehre zu erweisen. Es sollte übrigens der letzte herzogliche Trauerzug vor dem Ende der Monarchie sein.

Derartige Trauerfeiern sind heute undenkbar. Auch hat sich das Sterben vornehmlich in die Klinken und Altersheime verlagert. Die Überführung von Verstorbenen erfolgt nicht mehr mit reich dekorierten Lafetten, sondern mit schlichten Bestattungswagen.

Pilgramsroth und Eckardtsberg

Die Coburger Innenstadt ist im Westen und Osten von zwei Hügelketten umrahmt. Diese wirkten lange als natürliche Grenze für das städtische Wachstum. Dies lässt sich am Beispiel des 1406 erstmals erwähnten Pilgramsroths und des 1393 bezeugten Eckardtsberges zeigen. Ursprünglich befanden sich dort die Weingärten der Coburger Benediktinerpropstei. Die Mönche verpachteten seinerzeit das Areal an Coburger Bürger, welche die Erträge der Weinlese zur Versorgung der Bevölkerung nutzten. Ein erster Weingarten wurde hier 1450 erwähnt. Aufgrund klimatischer Veränderungen kam der Anbau in diesem Bereich bis 1850 zum Erliegen. Die aufgelassenen Gärten fanden sogleich das Interesse verschiedenster Parteien. Gartenbaubetriebe nutzten den fruchtbaren Boden des Geländes fortan zum Anbau von Pflanzen. Das Coburger Herzogshaus blickte indes auf das Plateau des Eckardtsberges. Dort wollten die Herzöge seit 1810 eine weithin sichtbare Landmarke

setzen. 1873 wurde diese mit dem Bau des 21 Meter hohen Eckardtsturmes realisiert. Auf dem historischen Foto von 1901 ist der Aussichtsturm auf der rechten Bildseite zu sehen. Ansonsten wurden die meisten Weingärten zu Bauland. Coburger Bürger errichteten dort ab den 1890er-Jahren ihre Wohnhäuser. Die ersten Gebäude waren 1901 bereits fertiggestellt. Allerdings gab es damals noch jede Menge Bauland.

Dies ist heute nicht mehr der Fall. Bis zum Ende der 1950er-Jahre entstanden zahlreiche Neubauten und Straßen. So ist heute der Blick zum 431 Meter hohen Eckardtsberg mit seinem Turm nicht mehr möglich.

Landgerichtsgefängnis

Am Ende der Leopoldstraße befand sich das frühere Landgerichtsgefängnis. Es wurde im Volksmund nach dem Gefängnisinspektor August Christian Mayer (1858–1933) als „Hotel Mayer" oder „Villa Mayer" bezeichnet. 1858 erwarb der Coburger Staat das Gebäude aus herzoglichem Besitz für 15.000 Gulden, um darin ein „Kreisgerichtsgefängnis mit Schwurgerichtslokalitäten" einzurichten. Nach umfangreichen Umbauten und einer Gebäudeerweiterung konnte das Gefängnis 1861 eröffnet werden. Im dazugehörigen Gefängnishof bestand zudem die Möglichkeit, Todesurteile zu vollstrecken. 1933 nutzten die Nationalsozialisten die Einrichtung, um verhaftete Regimegegner unterzubringen. Das Gefängnis entwickelte sich damit zu einem Spiegelbild der wechselvollen deutschen Geschichte. Denn nach dem Ende des

Zweiten Weltkrieges 1945 waren es führende Coburger Nationalsozialisten, die dort inhaftiert wurden. Schließlich nahm das Gefängnis 1953 rund 70 DDR-Spione auf.

Der bauliche Zustand des Hauses verschlechterte sich nach 1945 zusehends. 1968 ordnete deshalb der bayerische Justizminister Philipp Held die Schließung der Anstalt an. Danach stand das Gebäude leer. 1978 nutzte der Regisseur Rainer Werner Fassbinder den ehemaligen Gerichtssaal zu Dreharbeiten für den Film „Die Ehe der Maria Braun". Aus dieser Zeit stammt auch das historische Foto. 1980 wurde das Haus wegen Baufälligkeit abgerissen. Das Areal diente dann als Auto-Parkplatz. Zwischen 2016 und 2019 entstanden schließlich auf dem Grundstück zwei Neubauten mit 38 Wohnungen.

Veste Coburg

Die über der Stadt thronende Veste Coburg wurde erstmals 1225 erwähnt. Ihre Eigentümer waren zunächst die Herzöge von Meranien und die Grafen von Henneberg. 1353 kam die Burg für die nächsten sechs Jahrhunderte in den Besitz des sächsischen Herrschergeschlechts der Wettiner. In dieser Zeit bauten die Landesherren die Veste immer weiter aus und um. 1615 erreichte die Anlage unter Herzog Johann Casimir ihre heutige Ausdehnung. Erst 1820 verlor die Burg mit der Aufhebung des Festungsstatus ihre militärische Bedeutung. Als herrschaftlicher Wohnsitz kam sie für die Herzöge schon seit der Fertigstellung des Stadtschlosses Ehrenburg 1547 nicht mehr infrage. Ab 1838 dienten die Burggebäude als Museum für die herzoglichen Sammlungen. Daraus entwickelten sich die heutigen Kunstsammlungen.

Das historische Foto aus dem Jahr 1905 zeigt die Burg, vom sogenannten Veilchental aus gesehen, in ihrem baulichen Zustand von 1859. Unter Herzog Carl Eduard erfolgte zwischen 1909 und 1923 nach Plänen des Architekten Bodo Ebhardt eine umfangreiche Sanierung und Umgestaltung der Burganlage. Die markantesten Veränderungen bestanden dabei im Bau des Roten Turmes anstelle eines 1663 eingestürzten Vorgängerbaus, in der Umgestaltung der anderen Burgtürme und in der Neuerrichtung des Fürstenbaus.

Nach dem Ende der Monarchie besaßen Herzog Carl Eduard und seine Familie ein Wohnrecht auf der Veste. Dieses erlosch 1998. Die Burg wurde in den letzten Kriegstagen 1945 durch amerikanischen Artilleriebeschuss teilweise zerstört und bis 1969 wieder aufgebaut.

Kleiner Rosengarten

Der Kleine Rosengarten war Bestandteil einer barocken Parkanlage, die zwischen 1680 und 1682 im niederländischen Stil von Herzog Albrecht III. von Sachsen-Coburg angelegt wurde. Knapp 140 Jahre später wandelte sich diese Anlage zu einem englischen Landschaftspark. In diesem Zusammenhang veränderte auch der Kleine Rosengarten sein Aussehen. Die dortigen Flächen nutzte ab 1844 Herzog Ernst II. von Sachsen-Coburg und Gotha zum Anbau von Blumen und Zierpflanzen. Damit legte er den Grundstein für eine eigene Hofgärtnerei. Um die Anbauflächen vor neugierigen Spaziergängern zu schützen, entstand 1869 eine neugotische Mauer mit vier Treppentürmen. Dieses Bauwerk ist auch auf dem historischen Foto von 1930 zu sehen.

1922 gab die Hofgärtnerei ihre Anbauflächen auf, und an ihrer Stelle entstand nach Plänen des Gartenbauinspektors Wallbaum ein Ziergarten mit zwei chinesischen Pavillons. 1927 war dieser Garten wieder für die Öffentlichkeit zugänglich. Er trug ab 1959 die Bezeichnung Kleiner Rosengarten. Mit der Zeit nahm die Stadt Coburg als Eigentümerin des Parks weitere architektonische und gartenbauliche Veränderungen vor. 1962 verschwanden die chinesischen Pavillons wegen Baufälligkeit. Gleichzeitig verloren die Türme ihre neugotischen Erker. Ab 1976 erfolgte eine moderne Neugestaltung des Parks. Dabei entfernte man große Teile der vorhandenen Rosenbeete zugunsten einer Rasenfläche. Zudem entstanden moderne Wasserspiele. Diese Veränderungen taten der Beliebtheit des Gartens keinen Abbruch.

Reithalle

Die Reithalle mit dem markanten Pferdekopf über dem Eingang wurde 1852 im Auftrag von Herzog Ernst II. von Sachsen-Coburg und Gotha errichtet. Sie ersetzte die bisherige herzogliche Reitbahn auf dem nahegelegenen Glockenberg. Acht Jahre später wurde hier das erste Deutsche Turn- und Jugendfest ausgerichtet. Ebenfalls im Jahr 1860 fand in dem Gebäude die erste Generalversammlung des Deutschen Nationalvereins statt. 1862 erfolgte hier die Gründung des Deutschen Sängerbundes. An diese bedeutenden Ereignisse erinnern heute vier Gedenktafeln. Ihre Bestimmung verlor die Reithalle erst nach dem Ende der Monarchie 1918. Zunächst nutzte das Landestheater die Halle als Kulissenlager. 1924 zog dann die 1861 gegründete Freiwillige Feuerwehr der Stadt Coburg in die Räumlichkeiten ein. Das historische Foto aus der Zeit um 1935 zeigt anlässlich des Erntedankfestes eine Gruppe von Feuerwehrleuten vor ihrem Leiterwagen. Im Hintergrund verweist ein Plakat auf Luft- und

Gasschutzmaßnahmen, mit denen die Bevölkerung auf den kommenden Zweiten Weltkrieg vorbereitet werden sollte.

Mit der Zeit reichte die Kapazität der Feuerwache aber nicht mehr aus, um den Brandschutz in der Stadt zu garantieren. Die Feuerwehr zog deshalb 1970 in ein modernes und größeres Feuerwehrdepot um. Die Reithalle stand danach lange Zeit leer. Erst nach einer Generalsanierung nahm das Gebäude 1985 eine Studiobühne des Landestheaters mit 99 Plätzen auf. Die Nebenbauten blieben dagegen ohne Nutzung und wurden 2007 abgerissen. An ihrer Stelle befindet sich heute ein Parkplatz.

Schlossplatz

Der Schlossplatz war seit seiner Anlegung im 19. Jahrhundert Schauplatz herzoglicher Inszenierungen. Dazu gehörte auch ein historischer Fest- und Huldigungszug, der 1905 anlässlich des Einzugs von Herzog Carl Eduard von Sachsen-Coburg und Gotha und seiner Ehefrau Viktoria Adelheid kurz nach der Hochzeit des Paares abgehalten wurde. Auf dem Balkon des Schlosses Ehrenburg nahm das Herzogspaar die Huldigung entgegen. Das historische Foto zeigt den Festwagen der Stadt Coburg mit den Allegorien der Coburgia und der drei Flüsse Itz, Hahn und Lauter. Die Huldigung vollzog ein spätmittelalterlich gekleideter Bürgermeister, der dem fürstlichen Paar ein Gedicht vortrug. Dazu nutzte er ein geschmücktes Podest mit dem Coburger Stadtwappen, das den heiligen Mauritius zeigt. Insgesamt umfasste der Festzug 22 Wagen, auf denen die Fortschritte in Industrie und Gewerbe sowie Kunst und

Handwerk im Herzogtum Coburg dargestellt wurden. Zahlreiche Zuschauer wohnten diesem Huldigungszug bei.

Mit dem Ende der Monarchie hatte diese herzogliche Bühne 1918 ausgedient. Ab 1933 nutzten die Nationalsozialisten den Schlossplatz für Aufmärsche von Parteiorganisationen. Heute sind die Veranstaltungen auf dem Schlossplatz eher vielfältig. Das 1987 erstmals abgehaltene Schlossplatzfest gilt beispielsweise als größte Gourmet-Party Nordbayerns. 1992 kam mit dem Samba-Festival eine Veranstaltung mit internationalem Charakter hinzu. Daneben finden im Sommer zahlreiche Open-Air-Konzerte statt, die wegen der einmaligen Atmosphäre großen Anklang finden.

Gasthof „Loreley“

Der Gasthof „Loreley“ stellt ein typisches Bäcker- und Wirtshaus dar, wie es sie früher in Coburg zuhauf gab. Der Ursprung der bereits 1860 geschlossenen Bäckerei geht bis auf das Jahr 1581 zurück. Unter dem Bäckermeister Georg Knauer gab es ab 1597 auch einen Bier- und Weinausschank. Damals hieß die Gastwirtschaft „Zum Herrenbeck“. Die Bezeichnung Herr verweist auf die räumliche Nähe zum Schloss Ehrenburg und der Herrngasse, in der die höheren fürstlichen Beamten lebten. Die Umbenennung des Gasthofs in „Loreley“ erfolgte 1860 mit der Fertigstellung zweier Gemälde, die der bekannte Theatermaler Max Brückner für den Eingangsbereich des Hauses schuf. Brückners Werke zeigten einerseits den Rhein, andererseits den Loreleyfelsen mit seiner hübschen Zauberin. Beide Bildnisse sind heute

verschwunden. Der Gasthof verfügt stattdessen über eine in Coburg seltene, im Jahr 1927 entstandene Fassadenmalerei, die auf dem historischen Foto von 1910 noch nicht zu sehen ist.

Die „Loreley“ erfreut sich seit dem 19. Jahrhundert eines regen Zuspruchs bei Einheimischen und Fremden. Dort verkehren bis heute viele Künstler, Studenten, Touristen und Handwerker. Daneben gab es dort früher zahlreiche Stammtische, an denen die Coburger Geselligkeit pflegten. Zu ihr trugen die heimlichen Gasträume wie die sogenannte Neidhöhle bei, die ihr künstlerisches Vorbild in der Oper „Siegfried“ von Richard Wagner hatte. Diese Räume existieren seit einer Sanierung Anfang der 1990er-Jahre nicht mehr. Die Beliebtheit des Gasthofs blieb dennoch langfristig ungebrochen.

Landestheater und Edinburgh-Palais

Coburg besitzt eine jahrhundertealte Theatertradition. Unter Herzog Albrecht III. von Sachsen-Coburg eröffnete bereits 1684 die erste Theaterbühne in der Stadt. Im Zusammenhang mit der Anlage des Schlossplatzes ab 1820 plante Herzog Ernst I. von Sachsen-Coburg und Gotha den Bau eines neuen Theatergebäudes. Er kam dabei in Konflikt mit dem Landtag, da für den Neubau das unter besonderen rechtlichen Schutz stehende Waisenhaus abgerissen werden sollte. Das Parlament sah dies als Verfassungsbruch an. Der Fürst konnte sich jedoch durchsetzen. Nach dreijähriger Bauzeit wurde das Hoftheater 1840 eingeweiht. Neben dem

Theater entstand zwischen 1845 und 1846 das Palais Wangenheim. Der spätere Coburger Herzog Alfred erwarb 1865 dieses Palais für sich und seine Familie. Da der Herzog auch den Titel eines Duke of Edinburgh führte, bürgerte sich im Volk die Bezeichnung Palais Edinburgh für dieses Haus ein. Beide Gebäude bilden bis heute den nördlichen Abschluss des Schlossplatzes. Das dokumentieren beide Fotoaufnahmen aus den Jahren 1910 und 2022 deutlich.

Nach dem Ende der Monarchie wurde das Hoftheater verstaatlicht und in ein Landestheater umfunktioniert. Es ist bis heute ein beliebter Musentempel, der ab 2023 renoviert werden soll. Das Palais Edinburgh blieb bis 1939 im herzoglichen Besitz. Danach erwarb die Industrie- und Handelskammer Coburg das Anwesen, die seither in dem Gebäude ansässig ist. Daneben nutzte zwischen 1945 und 1952 die örtliche US-Militärregierung das Palais als Dienstsitz und amerikanische Kulturstätte.

St.-Augustin-Kirche

Schon in den 1520er-Jahren wurde in Coburg die Reformation eingeführt. Das altkirchliche Leben kam dadurch für Jahrhunderte zum Erliegen. Erst ab 1802 fanden wieder katholische Gottesdienste statt. In der Folgezeit stieg der katholische Bevölkerungsanteil auf 600 Personen an. Dies machte den Bau einer neuen Kirche notwendig. Unter der Protektion des Prinzen August von Sachsen-Coburg-Koháry begannen daher ab 1851 die Planungen für ein Gotteshaus. Nach einer fünfjährigen Bauzeit wurde die Kirche 1860 durch den Bamberger Bischof Michael von Deinlein geweiht. Zum Kirchenpatron wählte sich die Gemeinde den heiligen Augustinus. Damit wollte sie auch Prinz August ehren, der den Kirchenbau finanziell unterstützte. Die Gruft der Kirche diente fortan dem Haus Koháry als Grablege. 1948 fand hier auch Zar Ferdinand von Bulgarien seine letzte Ruhe.

Das historische Foto zeigt das Gotteshaus in der Zeit um 1910. Vor der Kirche befand sich damals das Bürglaßtor, das 1413 erstmals urkundlich erwähnt worden war und zum äußeren Befestigungsring der Stadt gehörte. Prinz Friedrich Josias von Sachsen-Coburg-Saalfeld ließ das Tor zwischen 1809 und 1812 durch einen neugotischen Turm ersetzen. 1971 wurde es aufgrund des zunehmenden Straßenverkehrs abgerissen. Erhalten blieb dagegen die katholische Kirche. Durch die Bestimmungen des Zweiten Vatikanischen Konzils ging aber 1965 die ursprüngliche Inneneinrichtung verloren. Zwischen 2014 und 2016 erfuhr die Kirche zuletzt eine Generalsanierung. Gegenwärtig besteht die Gemeinde aus rund 6.500 Gläubigen.

Prinz-Josias-Denkmal

Eines der bekanntesten Mitglieder des Coburger Herzogshauses war Prinz Friedrich Josias. Der erfolgreiche Heerführer schlug 1789 die Türken in zwei Schlachten im heutigen Rumänien und stieg danach zum letzten Generalfeldmarschall des Heiligen Römischen Reiches auf. 1794 verabschiedete er sich in den Ruhestand und erwarb in Coburg das Bürglaßschlösschen, welches er bis zu seinem Lebensende 1815 bewohnte.

Knapp 100 Jahre nach dem Tod von Friedrich Josias regte der belgische König Leopold II. an, eine Gedenkstätte zur Erinnerung an den Prinzen und dessen militärische Erfolge zu errichten. 1911 entstand deshalb nach Entwürfen des Coburger Bildhauers August Sommer ein Denkmal, das Friedrich Josias in der Uniform eines Feldmarschalls des österreichischen Heeres zeigt. Er

trägt dabei den Stern des Maria-Theresia-Ordens. In der rechten Hand hält er einen Marschallstab, die Linke zeigt die Angriffsrichtung nach einem Einsatzbefehl. Als Standort wurde die Grünanlage am Theaterplatz ausgewählt, die in der Nähe des Bürglaßschlösschens lag.

Diese Grünanlage war in den folgenden 100 Jahren ständigen Veränderungen unterworfen. 1969 wurde sie mit dem nahe gelegenen Bürglaßgarten zu einem Park verbunden. 2008 eröffnete auf dem Theaterplatz der Zentrale Omnibusbahnhof der Stadt. In diesem Zusammenhang musste der Park verkleinert und das Josias-Denkmal an eine andere Stelle des Platzes versetzt werden. Dieser Standortwechsel wird durch den Vergleich des historischen Fotos von 1912 mit der aktuellen Aufnahme deutlich.

Gemüsemarkt

An der Stelle des mittelalterlichen Spitalhofes ließ die Stadt Coburg 1867 einen Gemüsemarkt anlegen. Dort boten vor allem die Bamberger und Hallstadter Gemüsebauern zweimal die Woche (dienstags und freitags) ihre Waren an.

An diesem Platz besaß seit 1886 der Kaufmann Carl Balzer ein Wohnhaus. Er übernahm damals ein Schirmgeschäft, das sich auf der anderen Seite des Gebäudes am Steinweg befand. Balzer erweiterte schon bald sein Geschäft um den Verkauf von Nähmaschinen und Fahrrädern. Daneben fokussierte er sich auf die Förderung des Coburger Radsports. So betrieb er ab 1890 auf dem Ketschenanger eine eigene Radrennbahn. Auch verschloss er sich nicht dem aufkommenden Automobilverkehr. 1924 eröffnete Balzer auf dem Gemüsemarkt eine Autowerkstatt

mit Tankstelle. Diese verfügte über einen modernen Schwenkarm für die Bedienung mehrerer Fahrzeuge, wie das historische Foto aus der zweiten Hälfte der 1920er-Jahre zeigt. Als Kunde ist hier der Lebküchnermeister Georg Dorn aus dem nahe gelegenen Unteren Bürglaß zu erkennen.

Die Tankstelle existierte bis in die Zeit des Zweiten Weltkriegs hinein. Nach 1945 wurde sie nicht weitergeführt. Die Fahrradhandlung und die Reparaturwerkstatt konnten sich dagegen bis in die 1970er-Jahre halten. Das Marktgeschehen auf dem Gemüsemarkt ging nach 1945 zurück, sodass die Stadt das frei gewordene Areal heute als Auto-Parkplatz nutzt. Die letzten Gemüsehändler verließen 2008 ihren angestammten Platz. Gegenwärtig wird im Rahmen einer Altstadtsanierung über eine Umgestaltung des Areals nachgedacht.

Oberer Bürglaß 20

Die 1480 erstmals in einer Amtsrechnung erwähnte Coburger Bratwurst gehört zu den bekanntesten kulinarischen Spezialitäten der Vestestadt. Sie fand in jeder Gesellschaftsschicht Anklang. So stand sie auf dem Speisezettel des hiesigen Spitals und des Fürstenhofes, an dem in einem Jahr rund 1.200 Bratwürste verspeist wurden. Eine hölzerne Küche versorgte sogar 1530 den Reisezug Martin Luthers zum Augsburger Reichstag mit Bratwürsten. Die Würste wurden damals auf dem Markt gebraten. Sonst gab es sie dort nur bei Wochen- und Jahrmärkten. Erst 1930 erlaubte die Stadt Coburg den täglichen Verkauf. Aber nicht nur auf dem Markt entstanden Verkaufsstellen. Überall in der Stadt boten die Metzger fortan ihre Würste feil. Das historische Foto aus den 1950er-Jahren zeigt eine solche Bratwurstbraterei am Oberen Bürglaß. Diese wurde von der 1893 gegründeten und dort ansässigen Fleischerei Boseckert betrieben.

Heute sind diese Bratereien mit Ausnahme der Bratwurstbuden auf dem Markt wieder aus dem Stadtbild verschwunden. Mehrere Faktoren führten zu ihrem Ende. Dazu gehörten die höheren Anforderungen an Hygiene und Umweltverträglichkeit sowie die Ausweitung des Angebots an Imbissspeisen. Aber auch die Essgewohnheiten der Menschen veränderten sich. So werden heutzutage Fleischprodukte deutlich weniger konsumiert als vor 70 Jahren. Diese Gesichtspunkte führten außerdem dazu, dass zahlreiche Metzgereien schließen mussten. Im Jahr 2014 gab auch die Fleischerei Boseckert ihr Ladengeschäft auf. Sie konzentriert sich seither auf die Herstellung von Coburger Bratwürsten.

Gustav-Dietrich-Haus

Der spätere Herzog Alfred von Sachsen-Coburg und Gotha ließ 1867 an der Schwarzen Allee ein Marstallgebäude im neugotischen Stil errichten. Im 20. Jahrhundert erfolgte durch die Stiftung Landwirtschaftsrat der mehrstufige Umbau dieses Hauses zu einem Bürogebäude. Der Rat hatte 1921 das Anwesen erworben und machte daraus ein Zentrum für die Coburger Agrarwirtschaft. Diese war in den 1920er-Jahren in vielen Teilen des Coburger Landes der bestimmende Wirtschaftszweig. Im neuen Zentrum fanden zahlreiche Institutionen wie Bauernvereine, Raiffeisenbanken, die landwirtschaftliche Berufsgenossenschaft und eine Agrarschule eine Heimat. Daneben gab es im Untergeschoss für die aus dem Umland stammenden Landwirte ein eigenes Bierlokal. 1926 wurde das Gebäude nach dem angesehenen Ökonomierat und Bauernfunktionär Gustav Dietrich benannt. Aus dieser Zeit stammt auch die historische Aufnahme.

Nach dem Zweiten Weltkrieg reichte der Platz für die vielen Einrichtungen nicht mehr aus. Der Landwirtschaftsrat entschloss sich deshalb 1962, den historischen Altbau abzureißen und an derselben Stelle ein modernes Schul- und Verwaltungsgebäude zu errichten. Dieser Neubau besteht bis heute und beherbergt gegenwärtig den Kreisverband des Bayerischen Bauernverbandes und den Verein für bäuerliche Direktvermarktung Coburg. Ein Großteil der Räume wird zudem von den staatlichen Berufsfachschulen für Kinderpflege sowie Ernährung und Versorgung genutzt, die aus einer im Jahr 1925 in diesem Gebäude gegründeten Haushaltungsschule hervorgingen.

Maschinenbaufabrik Kaeser

Durch den Ersten Weltkrieg brach der industrielle Aufschwung in Deutschland ab. Nach 1918 versuchte die Reichsregierung mittels einer bewusst angeheizten Inflation, ein neues Wirtschaftswachstum zu generieren. Dies gelang nur für eine kurze Zeit. In Coburg siedelten sich damals neue Unternehmen an, die teils bis heute das wirtschaftliche Bild der Stadt prägen. Zu diesen Firmen gehörte beispielsweise die Maschinenbaufabrik Kaeser, die 1919 von dem aus München kommenden Unternehmer Carl Kaeser gegründet wurde. Er eröffnete seinerzeit im Hahnweg eine Werkstatt, in der Maschinen für die thüringische Glasindustrie hergestellt wurden. Daneben sah Kaeser in Coburg die Möglichkeit, durch die Herstellung von Ersatzteilen, vor allem Zahnrädern und Motoren, am prosperierenden Automobilmarkt teilnehmen zu

können. Die Firma übernahm auch die fabrikmäßige Überholung von Kraftfahrzeugmotoren. Mit dieser Festlegung hatte Kaeser Erfolg. Dies beweist auch das historische Foto aus den 1930er-Jahren, das den Firmengründer und einen Teil der Belegschaft vor der eigenen Werkshalle im Hahnweg zeigt. Damals arbeiteten in dem Unternehmen rund 150 Personen.

Bedingt durch die deutsche Teilung ging nach 1945 der thüringische Markt verloren. Kaeser konzentrierte sich von da an auf die Herstellung von Luftkompressoren und Kompressoranlagen. 1961 verlegte das Unternehmen seinen Standort nach Bertelsdorf, wo es die Möglichkeit zur Expansion gab. In der alten Werkshalle befindet sich gegenwärtig ein Möbellager.

Rosenauschlösschen

Beim Rosenauschlösschen handelt es sich um ein Weiherhaus, also um einen kleinen, befestigten und von Wasser umgebenen Adelssitz. Er gehörte der Coburger Patrizierfamilie Münzmeister (später von Rosenau) und wurde 1397 erstmals erwähnt. 1556 verkauften die Rosenauer ihren Besitz an die Ritter von Heßberg. Diese beherbergten dort von 1557 bis 1563 den berüchtigten Ritter Wilhelm von Grumbach, der wegen Landfriedensbruch und Rebellion unter Reichsacht stand. Das Schloss kam danach (1616) in den Besitz des Coburger Herzogs Johann Casimir. Nach dem Ende des Dreißigjährigen Krieges begann der Niedergang des Anwesens. 1671 wurde das gotische Haupthaus bis auf das Erdgeschoss abgetragen. Auf dem Gebäuderest entstand ein Fachwerkaufbau mit Satteldach. In der Folge diente das Haus als

Wohnsitz des Hoffischers und ab 1698 als herzogliche Brauerei. 1842 wurde der Teich größtenteils zugeschüttet, wodurch das Gebäude seinen Charakter als Weiherhaus verlor. 1859 erfolgte der Umbau zum herzoglichen Waschhaus. Dem folgte die Nutzung als Kulissen- und Requisitenlager für das Theater. Im 20. Jahrhundert verschlechterte sich der bauliche Zustand des Hauses zusehends. Dies zeigt auch das historische Foto von 1940. Nachdem das Gebäude 1956 wegen Einsturzgefahr hatte gesperrt werden müssen, trug man sich mit dem Gedanken, es abzureißen. Erst auf Drängen einer Bürgerinitiative fand durch den Freistaat Bayern zwischen 1976 und 1980 eine Sanierung statt. Seitdem beherbergt das Schloss das Landbauamt Coburg und seit 2013 die Kriminalpolizeiliche Beratungsstelle der Kripo Coburg.

Heiligkreuzbrücke

Die 1398 erstmals erwähnte Heiligkreuzbrücke war ein wichtiges Verkehrsbindeglied. Schon im Hochmittelalter überquerten dort Nürnberger Kaufleute auf der alten Handelsstraße nach Leipzig den Fluss Itz durch eine Furt. Später entstand dort ein Holzsteg, der 1465 durch die erste steinerne Brücke ersetzt wurde. In den nächsten Jahrhunderten setzten Verkehr und Hochwasser dem Übergang stark zu. Er musste immer wieder ausgebessert oder neu errichtet werden, so letztmals 1618 unter Herzog Johann Casimir. Zur Deckung der Unkosten erhob man Brückenzoll.

Im Automobilzeitalter wurde die Heiligkreuzbrücke zunehmend zu einer Engstelle im Straßenverkehr. Bereits 1893 erfolgte zusammen mit der Montage eines eisernen Brückenge-

länders eine Verbreiterung der Fahrbahn. In diesem baulichen Zustand zeigt sich die vierbogige Brücke auch auf dem historischen Foto aus dem Jahr 1940. Die Maßnahme löste jedoch das Verkehrsproblem nicht. Es spitzte sich nach dem Zweiten Weltkrieg zu. Die Verkehrsplaner diskutierten damals darüber, eine Einbahnstraßenregelung einzuführen oder eine Ampel zu installieren. Erst nach einem tödlichen Verkehrsunfall auf der Brücke entschloss sich die Stadt Coburg 1955, das Bauwerk abzureißen. In siebenmonatiger Bauzeit entstand an seiner Stelle eine 86 Meter lange Stahlbetonbrücke mit einem Gewicht von 60 Tonnen. Sie wurde 1956 eingeweiht. Heute überqueren auf ihr täglich 12.000 Fahrzeuge die Itz. Damit hat der Übergang noch immer eine große Bedeutung für den Coburger Straßenverkehr.

Kasernenstraße

Seit dem 19. Jahrhundert besaß Coburg den Status einer Garnisonstadt. Eine erste Kaserne entstand 1851 an der Neustadter Straße. Zunächst wurde sie vom coburgischen Füsilierbataillon bezogen, das 1867 die Bezeichnung 6. Thüringisches Infanterieregiment Nr. 95 III. Bataillon erhielt. Das historische Foto aus dem Jahr 1910 zeigt die Militärkapelle des Bataillons auf ihrem Marsch durch die Kasernenstraße. Die Kaserne befindet sich rechts oben. Ihr schließt sich in der Bildmitte die Gaststätte „Fürst Bismarck" an. Sie war eine von sechs Soldatenkneipen, die im Umfeld des Kasernengeländes lagen. Die Soldaten des Infanterieregiments waren in Coburg stets präsent. So gab beispielsweise die Militärkapelle jeden Sonntagnachmittag auf dem Schlossplatz ein Platzkonzert. In diesem Zusammenhang dürfte auch das Bild entstanden sein.

Aufgrund des Versailler Friedensvertrages wurde das Bataillon 1919 aufgelöst. In die Kaserne zog in der Folge die Landespolizei ein. Im Zug der Aufrüstungspolitik der Nationalsozialisten erhielt Coburg aber wieder eine Garnison. Die Wehrmacht nutzte den Gebäudekomplex bis zum Ende des Zweiten Weltkrieges. Danach spielte die Kaserne militärisch keine Rolle mehr. Die Soldatenkneipen existierten dagegen noch lange nach Auflösung des Militärstandortes. Ihre Namen „Zum Kronprinzen“, „Alter Fritz“, „Graf Moltke“ oder „Germania“ sind teilweise heute noch ein Begriff. Die Kaserne diente nach 1945 zu Wohnzwecken. Seit 1984 befindet sich in dem Gebäude die Polizeiinspektion Coburg.

Heiligkreuzschule

Früher war der Schulbesuch streng nach dem Geschlecht getrennt. Es gab daher Mädchen- und Knabenschulen. Die Eltern mussten bis 1919 für ihre Kinder Schulgeld bezahlen. Aber nicht jede Familie konnte sich diese Gebühr leisten. Es entstanden deshalb Freischulen, die Schüler kostenlos aufnahmen. Mit dem Bevölkerungswachstum in Coburg zu Beginn des 20. Jahrhunderts entschloss sich der Magistrat im Jahr 1903, eine Freischule für Mädchen und Knaben zu errichten. Das 1907 als Heiligkreuzschule eingeweihte Schulhaus hatte zwei Eingänge – getrennt nach Geschlecht. Daneben verfügte die Schule über eine eigene Sporthalle für den Turnunterricht. Besonderer Wert wurde auf die Hygiene gelegt. Wandbrunnen ver-

sorgten die Kinder mit frischem Wasser, ein modernes Belüftungssystem sorgte für ausreichend Frischluft, und außerdem existierten einige Brausebäder für die Schüler. Im ersten Schuljahr 1907/08 besuchten 801 Schüler in 19 Klassen die Einrichtung. Aus dieser Zeit stammt auch das historische Foto.

Mit der weiteren Bevölkerungsentwicklung reichten die Räumlichkeiten der Heiligkreuzschule nicht mehr aus. 1950 wurden daher die Klassen 1 bis 4 ausgegliedert und einer neuen Grundschule an der Neustadter Straße (Jean-Paul-Schule) zugewiesen. Danach sanken die Schülerzahlen. In den 1970er-Jahren schaffte man die geschlechtliche Trennung des Unterrichts ab. So haben die getrennten Schuleingänge heute keine Bedeutung mehr. Die Heiligkreuzschule ist heute eine Mittelschule mit 268 Schülern in 13 Klassen.

Hochwasserkatastrophe am Kanonenweg

Coburg war aufgrund seiner topografischen Lage zahlreichen Überflutungen ausgesetzt. Zwar befand sich die Kernstadt auf einem hochwasserfreien Plateau. Doch die Vorstädte und das im 19. Jahrhundert angelegte Bahnhofsviertel lagen in einem Hochwassergebiet. Das historische Foto zeigt ein solches Überschwemmungsereignis im Jahr 1926. Damals kam es aufgrund starker Niederschläge zu großflächigen Überflutungen von Straßen und Plätzen. Der Fotograf stand dabei an der Kreuzung vor der sogenannten Callenberger Unterführung und blickte in Richtung Kanonenweg. Im Hintergrund sind die Häuser Kanonenweg 50 und 52 sowie, durch einen Baum halb verdeckt, das 1913 errichtete Wasserkraftwerk an der Lauter zu sehen.

In der zweiten Hälfte des 20. Jahrhunderts ging die Stadt Coburg schließlich daran, in den Hochwasserschutz zu investieren. Dies war zunächst nur überörtlich möglich. So ent-

stand zwischen 1982 und 1986 nördlich der Stadt Rödental der Froschgrundsee, der einen Gesamtstauraum von 6,9 Millionen Kubikmetern aufweist. Hinzu kam 2010 der im Stadtgebiet liegende Goldbergsee, der nach vierjähriger Bauzeit fertiggestellt wurde. Er besitzt einen Gesamtstauraum von 4 Millionen Kubikmetern. 2013 begannen im nördlichen Bahnhofsviertel die Bauarbeiten für weitere Schutzmaßnahmen. In diesem Zusammenhang musste das Wasserkraftwerk an der Lauter 2021 abgerissen und im Kanonenweg eine neue Brücke gebaut werden. Gegenwärtig ist das Projekt noch nicht abgeschlossen. So erklären sich auch die Bauarbeiten auf dem aktuellen Foto.

Maschinenfabrik Flocken

Der aus Albersweiler stammende Landmaschinenmechaniker Andreas Flocken war ein innovativer Kopf. Er gründete 1880 in Coburg eine Landmaschinenfabrik, die er acht Jahre später um eine Abteilung für Elektrotechnik erweiterte. Zu diesem Zeitpunkt erreichte die Elektrifizierung auch die Stadt Coburg. So verfügte das Schloss Ehrenburg schon 1886 über elektrisches Licht. Flocken baute damals die ersten Elektromotoren und Dynamos in der Stadt. 1888 konstruierte er ein Elektroauto, das eines der ersten dieser Art in Deutschland war. Ab 1890 stieg er in die Stromerzeugung ein. Er nutzte dazu die Wasserkraft und plante den Aufbau eines eigenen Stromnetzes, durch das er das Coburger Bahnhofsviertel mit Elektrizität versorgen wollte. Diese Pläne scheiterten größtenteils am Widerstand der Stadt Coburg,

die auf ihr Monopol bei der Energieversorgung verwies. In der Folge war Flocken am Aufbau eines Stromleitungsnetzes im Herzogtum beteiligt, das vom städtischen Elektrizitätswerk in Coburg ausging. Auf dem historischen Foto ist der Stammsitz der Maschinenfabrik Flocken an der Callenberger Straße zu sehen. Die Aufnahme entstand kurz nach der Jahrhundertwende.

1913 starb Andreas Flocken im Alter von 68 Jahren. Das Unternehmen wurde von seinem Sohn Robert weitergeführt, 1919 beschäftigte es 50 Angestellte. Aufgrund wirtschaftlicher Schwierigkeiten musste die Firma 1931 schließen. In den Jahren darauf nutzte ein Korbmacher die vorhandenen Werkstätten. Heute befindet sich in dem Gebäude ein Sonnenstudio.

Bahnhofsplatz

Mit der Eröffnung der sogenannten Werrabahn 1858 erhielt Coburg einen eigenen Bahnhof. Verbunden damit war die Anlegung eines neuen Stadtviertels zwischen der Altstadt und der Eisenbahnstation. Dabei entstand 1860 auch der Bahnhofsplatz. Die Westseite des Platzes nimmt bis heute vollständig der Bahnhof ein. Gegenüber dem Stationsgebäude wurden 1888 und 1905 zwei Hotels gebaut. Bahnreisende sollten hier eine Übernachtungsmöglichkeit erhalten. Auf dem historischen Foto aus dem Jahr 1925 ist, durch Alleebäume halb verdeckt, vor allem das Bahnhofshotel „Excelsior“ zu sehen. Es wurde von der Familie Schumann betrieben und entwickelte sich zum ersten Haus am Platz. Zahlreiche Prominente wie König Olaf V. von Norwegen, Heinrich Lübke oder Adolf Hitler übernachteten in diesem Hotel. Während des

Nationalsozialismus diente der Platz als Aufmarschplatz für Parteiorganisationen. Eine durch die Nationalsozialisten zwischen 1940 und 1942 geplante Umgestaltung des Areals, die den Abbruch fast aller am Platz liegenden Gebäude beinhaltete, wurde nicht realisiert.

1962 wurde das „Excelsior" aus Rentabilitäts- und Überalterungsgründen geschlossen. Die Familie Schumann verkaufte daraufhin den Hotelkomplex an die HUK-Versicherungsgruppe, die seit 1950 in Coburg ansässig ist. Die Versicherung ließ das Gebäude 1967 zugunsten eines modernen Verwaltungsgebäudes abreißen. Dieser Bürobau nimmt heute einen großen Teil der Bebauung des Bahnhofsplatzes ein. Der Platz selbst wurde wie der Bahnhof mehrmals neu gestaltet, zuletzt zwischen 2019 und 2022.

Itzpromenade

Die am Fuß des Blessberges in Thüringen entspringende und nach rund 80 Kilometern in den Main mündende Itz war für Jahrhunderte eine der Lebensadern Coburgs. Ursprünglich floss sie weit außerhalb der Innenstadt. Dies änderte sich im 19. Jahrhundert, als die Stadt im Zug der Industrialisierung an Größe gewann. Damals entstand entlang der Itz ein Spazierweg mit Grünanlage. Der als Itzpromenade bezeichnete Weg ist auf dem historischen Foto aus der Zeit um 1910 zu sehen. Der Blick richtet sich dabei von der Mohren- auf die Bahnhofstraße. Der Weg wurde nicht nur von Spaziergängern genutzt, sondern auch von Kindern,

die zur nächsten Schule gingen. Die im Hintergrund befindlichen Gebäude gehören zur Bahnhofstraße. Sie sind zwischen 1865 und 1879 errichtet worden und besaßen Gärten zur Itz hin.

Von diesen Gärten ist heute nichts mehr zu sehen. Das Bild wird heute von Parkplätzen, einem Wohnhaus aus dem Jahr 1934 und einer hohen Gartenmauer geprägt. An Letzterer können Graffiti-Künstler ihre Werke rechtmäßig sprayen. Die Häuser der Bahnhofstraße sind inzwischen durch zahlreiche Bäume verdeckt. Spazierweg und Grünanlage blieben bis in die Gegenwart erhalten und wurden um einen Kinderspielplatz ergänzt. Der Begriff Promenade kam indes mit der Zeit aus der Mode. Er wurde durch die Bezeichnung Anlage ersetzt. Seit einiger Zeit gibt es in der Coburger Kommunalpolitik Bestrebungen, die Itz für die Bevölkerung erlebbar zu machen und dafür die Grünanlage attraktiver zu gestalten.

Bergerblock

In den Coburger Vorstädten lebten bis ins 20. Jahrhundert hinein zahlreiche Gerber. Ihre Häuser sind noch heute durch ihre offenen Holzgalerien erkennbar. Dieses architektonische Merkmal besaßen auch zwei Gebäude auf dem historischen Foto aus der Zeit um 1905. Sie gehörten seit 1806 und 1820 der Gerberfamilie Aumüller. Das für die Reinigung der Tierhäute benötigte Wasser bezog die Familie aus dem sogenannten Lautergraben, einem Seitenarm der Itz, der westlich der beiden Gerberhäuser vorbeifloss. 1875 wurde dieser Graben zugeschüttet.

Das Gebäude am rechten Bildrand gehörte dem Kaufmann Karl Thomas, der darin ein Lebensmittelgeschäft betrieb. Der Volksmund nannte es in Bezug auf die Lage an der Einmündung der Hinteren Kreuzgasse in die Bahnhofstraße Thomaseck. Auffällig ist beim mittleren

Gebäude noch ein Werbeschild des General-Anzeigers, einer Coburger Zeitung, die von 1899 bis 1915 existierte.

1903 erwarb der Architekt August Berger die beiden Gerberhäuser. Er wollte dort einen mehrgliedrigen Häuserkomplex im Jugendstil errichten. Die Bauarbeiten dafür begannen im Jahr 1910. Sie verzögerten sich jedoch, da Karl Thomas nicht bereit war, sein Grundstück zu verkaufen. Dieses war aber für die Realisierung des Projekts notwendig. Erst als ihm ein horrender Geldbetrag geboten wurde, war Thomas zum Verkauf bereit. Das Haus wurde 1911 abgerissen. Der bis 1913 entstandene Jugendstilkomplex hieß fortan Bergerblock. In dem Gebäude befinden sich heute zahlreiche Arztpraxen, Privatwohnungen und Ladengeschäfte.

Hindenburgstraße und Hauptpost

Noch weit ins 20. Jahrhundert hinein gab es in der Coburger Innenstadt unbebaute Flächen, die durch Wiesen, Sträucher und Bäume gekennzeichnet waren. Dazu gehörte das Areal an der Hindenburgstraße, wie das historische Foto von 1920 beweist. Drei Jahre zuvor hatte der Magistrat beschlossen, einen dort befindlichen Feldweg nach dem Weltkriegsgeneral Paul von Hindenburg zu benennen. Dies war Ausdruck eines Mythos, den die deutsche Propaganda im Lauf des Ersten Weltkriegs entwickelt hatte. Darin wurde Hindenburg als glanzvoller Sieger der Schlacht von Tannenberg dargestellt. Nach seiner Wahl zum Reichspräsidenten 1925 entschloss sich die Stadt, den Feldweg zu einer breiten Verkehrsstraße auszubauen. Dazu gehörte die Bebauung des Areals mit modernen Häusern. Allerdings gelang es lediglich, zwischen 1929 und 1931 mit der Hauptpost ein Gebäude im Stil der Neuen Sachlichkeit zu errichten. Die weitere Bebauung erfolgte erst in den 1950er- und 1960er-Jahren. Damals entstand dort eines der ersten Hochhäuser der Stadt. Als architektonisch wertvoll gelten die

1960 errichtete Zweigstelle der Bayerischen Landeszentralbank und das 1965 erbaute Pfiffer-Hochhaus. Mit der Einweihung eines Parkhauses 1985 war die Bebauung abgeschlossen.

Aufgrund der Beteiligung Hindenburgs an der Machtergreifung Hitlers und der damit verbundenen Zerstörung der Demokratie kamen Forderungen auf, die Straße umzubenennen. Dies geschah zuletzt 2013. Heute überwiegt die Überzeugung, dass die Straße zur Erinnerung an die Weimarer Republik und ihr Scheitern genutzt werden soll.

Kindlesbrunnen am Hahnfluss

Die Gegend am Hahnfluss, einem künstlichen Nebenarm der Itz, war zu Beginn des 20. Jahrhunderts ein beliebter Spielplatz für Kinder der Steinwegvorstadt. Am Hahnfluss befand sich auch der 1570 erstmals erwähnte Kindlesbrunnen. Dabei handelte es sich um einen Quellbrunnen mit gemauerter Brunnenstube, der laut Überlieferung täglich rund 22.000 Liter Wasser spendete. Die Stube lag am Ende der Brunngasse unterhalb eines alten Bäckerhauses aus dem Jahr 1642. Der Name des Brunnens rührt aber nicht von spielenden Kindern her, wie das historische Foto aus der Zeit um 1920 vermuten lässt. Er besitzt seine Wurzel im heidnischen Volksglauben, dass Kleinkinder aus einem Teich oder einem Brunnen kommen. Derartige Brunnen soll es in Thüringen und Franken häufiger gegeben haben.

In der zweiten Hälfte des 19. Jahrhunderts versiegte die Quelle allmählich, sodass der Brunnen im Jahr 1880 zugemauert wurde. Fortan nutzten die Bewohner der Steinwegvorstadt die Brunnenstube als Schuttabladeplatz. Schließlich beseitigte die Stadt Coburg 1968, als sie den Hahnfluss verrohrte, die letzten Reste des Brunnens. Erst mit der Altstadtsanierung in der Steinwegvorstadt ging die Stadt ab 1982 daran, den Kindlesbrunnen zu rekonstruieren. 1989 konnte der wieder fertiggestellte Brunnen an die städtische Wasserleitung angeschlossen werden. An eine Öffnung des Hahnflusses ist im Rahmen der 2017 beschlossenen zweiten Altstadtsanierung des Steinwegs gedacht.

Steinweg 15

Die ernestinische Landesordnung von 1556 verbot den Juden den Aufenthalt in Coburg und die Ausübung eines Berufes. Erst 1806 siedelte sich unter dem Schutz Herzog Franz Friedrich Antons von Sachsen-Coburg-Saalfeld wieder eine jüdische Familie an. Aber erst nach der Einführung der Gewerbe- und Niederlassungsfreiheit 1863 ließen sich verstärkt jüdische Familien in der Vestestadt nieder. Dazu gehörte auch die aus Hessen stammende Familie Plaut. 1908 eröffnete Eduard Plaut im Haus Steinweg 15 ein Mode- und Textilgeschäft. Auf dem historischen Foto aus dem Jahr 1910 sieht man den stolzen Geschäftsinhaber mit seinen Angestellten vor dem Laden stehend. Neben Plaut etablierten sich noch weitere jüdische Händler im Steinweg. Dort eröffnete sogar 1886 eine Filiale des Kaufhauses Hermann Tietz.

Verfolgung, Flucht und Deputation ließen während der Zeit des sogenannten Dritten Reiches die jüdische Gemeinde bis 1942 zugrunde gehen. Eduard Plaut musste nach der Pogromnacht 1938 auf Druck der Nationalsozialisten sein Geschäft schließen. Das Haus Steinweg 15, das er 1919 erworben hatte, wurde ihm 1941 durch den Staat weggenommen. Er selbst starb 1944 im Konzentrationslager Theresienstadt.

1955 wurden die Ladengeschäfte der Häuser Steinweg 15 und 17 zusammengelegt. Das neue Geschäftslokal beherbergte zunächst ein Textilwarenhaus und ab 1964 eine Niederlassung der Firma Quelle aus Fürth. Nach einem Umbau zog 1995 das Textilkaufhaus K & L Ruppert in die Räume ein. Seit 2019 befindet sich darin eine Warenhausfiliale.

Stadtmühle

Die Itz und ihre Nebenarme waren von großer wirtschaftlicher Bedeutung für Coburg. Das zeigt sich besonders an der Zahl von sieben mit Wasserkraft betriebenen Mühlen, die einst im Stadtgebiet existierten. Eine davon war die Stadtmühle in der Badergasse, die 1435 erstmals erwähnt wurde. Sie lag am Hahnfluss und gehörte zu den wenigen innerstädtischen Mahlmühlen. Im Lauf der Jahrhunderte erhielt die Mühle zahlreiche Namen. Zunächst hieß sie Theinmühle, später Quickersmühle. Um 1750 kam der volkstümliche Name Stückles-Brods-Mühle auf. Der Überlieferung zufolge brachten damals viele arme Menschen so wenig Getreidekörner zur Mühle, dass aus dem gewonnenen Mehl nur ein Stück Brot gebacken werden konnte. Während der Hochindustrialisierung in Deutschland zwischen 1871 und 1914

verloren diese klassischen Handwerksmühlen an Bedeutung. An ihre Stelle traten industrielle Großmühlen, die über einen elektrischen Antrieb verfügten und in großen Mengen Mehl produzierten. Kleine Mühlen konnten da nicht mithalten, sodass in der Folge zahlreiche Müller ihre Betriebe aus Rentabilitätsgründen aufgeben mussten. Coburg blieb von dieser Entwicklung nicht verschont. In dieser Zeit übernahm die Familie Teichtweier die Stadtmühle. Ihr gelang es, den Mühlbetrieb bis in die 1960er-Jahre hinein aufrechtzuerhalten. Das historische Bild zeigt die Stadtmühle um 1935.

1970 erfolgte der Abbruch der Mühle. Sie musste dem Neubau eines Warenhauses weichen. Zugleich wollte man die Verkehrsanbindung der Badergasse an die Hindenburgstraße verbessern.

Ilse-Kohn-Platz

Der Ilse-Kohn-Platz bildet den Übergang von der mittelalterlichen Altstadt zum Bahnhofsviertel, das in der zweiten Hälfte des 19. Jahrhunderts entstanden ist. Ursprünglich befand sich an dieser Stelle ein Häuserblock. Dieser wurde nach dem Kaufmann Max Gräf benannt, der dort ein Lebensmittelgeschäft betrieb. Ab 1904 erwarb die Stadt Coburg den

Block mit dem Ziel, eine Direktverbindung zwischen der Altstadt und dem Bahnhof zu schaffen. Fünf Jahre später wurde dies realisiert. Allerdings blieb ein Teil des Gräfsblocks stehen. Die Gebäude boten jedoch einen unschönen Anblick. Ihr Bauzustand war marode und die Stadt unterließ notwendige Modernisierungen. Erst 1934 wurde der Block im Rahmen eines reichsweiten Förderprogramms zur Altstadtsanierung abgerissen. Das historische Foto zeigt den Gräfsblock kurz vor dem Abbruch. An dieser Stelle entstand zwischen 1936 und 1937 ein städtisches Verwaltungsgebäude, in dem das Fremdenverkehrsamt untergebracht wurde. Das davorliegende Areal erhielt 1937 den Namen „Platz der Alten Garde“. Ab 1945 nutzte die US-Army das Haus als Sitz für die Militärpolizei. Seit 1957 befindet sich darin ein Café.

1987 erfolgte eine vollständige Umgestaltung des Areals. Es wurden Bäume gepflanzt und ein Brunnen angelegt. Der seit 1945 namenlose Platz erhielt 2022 die Bezeichnung „Ilse-Kohn-Platz“. Er erinnert seitdem an das Schicksal dieser Coburger Jüdin, die mit fast ihrer ganzen Familie von den Nationalsozialisten ermordet wurde. Die Familie wohnte im nahe gelegenen Haus Mohrenstraße 36.

Mohrenstraße

Im Jahr 1871 begann mit der Bebauung der Mohrenstraße eines der größten Stadterweiterungsprojekte Coburgs. In den Folgejahren wurden 42 Häuser an dieser Straße errichtet. Das Projekt endete 1904. Die Mohrenstraße war in der ersten Zeit vornehmlich eine Wohnstraße des gehobenen Mittelstandes. Als Bewohner fanden sich hier Bankdirektoren, Ärzte, Professoren, Fabrikanten, Kommerzienräte und zahlreiche Privatiers. Gewerbebetriebe siedelten sich dagegen kaum an. Wenn Geschäfte eröffnet wurden, dann orientierte sich ihr Warensortiment an den gehobenen Ansprüchen der Nachbarschaft. So entwickelte sich die Mohrenstraße zur Prachtmeile der herzoglichen Residenzstadt. Diesen Eindruck vermittelt auch das historische Bild aus der Zeit um 1900. Benannt wurde die Straße nach dem heiligen

Mauritius, dessen Darstellung als Afrikaner sich im Spätmittelalter zu einem städtischen Symbol entwickelte. Dieser Prozess war mit der Übernahme auf städtische Siegel und Wappen um 1500 abgeschlossen. Der Volksmund bezeichnete das Bildnis fortan als Coburger Mohr. Während der NS-Zeit wurden das Wappen und der Straßenname abgeschafft, jedoch 1945 wieder eingeführt.

Nach dem Zweiten Weltkrieg änderte sich das Straßenbild grundlegend. Die zahlreichen neuen Geschäfte machten die Mohrenstraße zur beliebten Einkaufsmeile. Zwischen 1972 und 1973 entstand hier ein modernes Warenhaus, das aber das architektonische Bild der Straße bis heute beeinträchtigt. 1998 wurde dieses Bild durch die Anpflanzung von Lindenbäumen ergänzt.

Judenanger

Nur in den wenigsten Fällen besaßen die Bewohner der Judentorvorstadt einen Garten an ihrem Haus. Viele erwarben sich daher am Stadtrand ein wenig Land, um es für den Obst- und Gemüseanbau zu nutzen. Eine beliebte Gartenfläche war damals der Judenanger an der heutigen Löwenstraße. Dort hatten viele Bewohner der Judengasse einen Garten. Das Bild aus der Zeit vor 1888 zeigt neben einfachen Gartenhütten zahlreiche Kinder, für die der Judenanger ein Spielparadies gewesen sein muss. Daneben nutzte der Seilermeister Stephan Müller den Platz für das Spannen seiner Seile. Ebenso betätigten sich hier die Tuchmacher mit ihren Kettfäden. Zudem stellten die Büttner ihre Fassdauben zum Trocknen auf. Im Bildhintergrund lassen sich in nördlicher Richtung die ersten Häuser der neu angelegten Mohrenstraße erahnen.

Noch im 19. Jahrhundert wurde der Judenanger Bauland. Darauf entstand zwischen 1888 und 1890 eine Knabenschule, die nach dem Dichter Friedrich Rückert (1788–1866) benannt wurde. Das gegenwärtig als Mittelschule genutzte Schulgebäude ist am rechten Bildrand des neueren Fotos zu sehen. Der Platz davor dient heute als Pausenhof. Die dahinter liegende Turnhalle nebst Lehrschwimmbecken wurde Ende der 1950er-Jahre gebaut. Bei der Einführung der schulischen Ganztagsbetreuung mussten an der Rückertschule neue Räume geschaffen werden. Aus diesem Grund entstand zwischen 2010 und 2012 ein Erweiterungsbau mit Klassenräumen und Speisesaal. Dieses Gebäude schließt zusammen mit der Turnhalle den ehemaligen Judenanger heute nach Norden hin ab.

Ernst-Alexandrinen-Volksbad

Mit der Industrialisierung verbesserten sich in den Städten die hygienischen Zustände. Eine große Rolle spielten dabei Volksbäder. Dabei handelte es sich um öffentliche Badeanstalten mit Wannen- oder Duschbädern, die vor allem den unteren Gesellschaftsschichten die Möglichkeit zu regelmäßiger Körperpflege bieten sollten. 1899 gründete sich deshalb in Coburg eine Volksbadstiftung. Ein Jahr später verfügte Herzogin Alexandrine von Sachsen-Coburg und Gotha in ihrem Testament, dass nach ihrem Tod 120.000 Mark in den Bau eines Volksbades fließen sollten. Als sie 1904 starb, konnte die Stadt Coburg das Bad erstellen. 1907 fand die Einweihung statt. Zu Ehren der Stifterin wurde ein Jahr später ein Brunnen in der Grünanlage vor dem Volksbad angelegt.

Mit der Pflicht zum Einbau von Badezimmern in Wohnungen verlor die Einrichtung ab 1950 an Bedeutung. In den 1960er-Jahren musste sich die Stadt zwischen einer Sanierung und dem Bau eines neuen Hallenbades entscheiden. Sie entschied sich für Letzteres. Infolgedessen wurde 1973 das Volksbad geschlossen. In den Jahren darauf sollte der gesamte Komplex für den Bau einer neuen Verbindungsstraße abgerissen werden. Wegen großer Widerstände in der Bevölkerung kam es 1977 nur zu einem Teilabriss. Erhalten blieb lediglich der sogenannte Portikusbau. In diesem befindet sich heute eine Krankenkasse. Der Alexandrinenbrunnen wurde an eine andere Stelle der Grünanlage versetzt und ist daher auf der aktuellen Aufnahme kaum zu sehen.

Jean-Paul-Haus am Adamiberg

Zwischen 1803 und 1804 lebte der Schriftsteller Jean Paul in Coburg. Häufig besuchte er dabei ein Gartenhaus auf dem Adamiberg. Jean Paul nutzte das Häuschen, um ungestört an seinen Werken arbeiten zu können. Daneben gab es auf dem Gelände seit 1774 einen Gesellschaftsgarten, in dem sich die Einwohner Coburgs an den warmen Sommerabenden vergnügten. Zum Vergnügen gehörte auch eine offene Kegelbahn, die von den Gartenbetreibern angelegt worden war. Das Lokal existierte bis 1844. Danach kam das Areal in den Besitz des Oberfinanzrates Schnür, der den Garten nach seinen Vorstellungen umgestaltete. An ihn erinnert seit 1867 ein Gedenkstein, der unweit des Jean-Paul-Hauses aufgestellt wurde. Auf dem historischen Foto ist dieser Stein deutlich zu erkennen. Er bestand aus einem Sandsteinsockel und einer bekrönenden Engelsfigur. Unter der Familie Schnür wurde um 1870 das inzwischen baufällig gewordene Jean-Paul-Haus abgerissen und durch das heutige Häuschen ersetzt. Seither befindet sich auch ein Abguss einer Büste von Jean Paul an der Außenwand.

1917 erwarb die Stadt Coburg die Anlage und wandelte sie in einen öffentlichen Park um. Dabei erhielt der Garten nicht immer die notwendige Pflege. So ist die Engelsfigur des Gedenksteins heute verschollen. Das Jean-Paul-Haus selbst diente während des Zweiten Weltkrieges als Heim für den Bund Deutscher Mädchen (BDM). Gegenwärtig nutzt ein Pfadfinderstamm das Haus als Treffpunkt. Der Park indes ist durch die Eröffnung einer Minigolfanlage und den Bau eines Autoparkplatzes heute stark verkleinert.

Parkhotel und Judenbrücke

In der zweiten Hälfte des 19. Jahrhunderts ließen sich zahlreiche gut betuchte Pensionäre aus dem Militär und dem Beamtentum in Coburg nieder. Diese errichteten repräsentative Villen, die von ihrem bürgerlichen Wohlstand zeugten. Teilweise waren diese Gebäude schlossartig. Zu ihnen gehörte die 1867 am Neuen Weg errichtete Villa Köppen. Erbaut wurde sie im Auftrag des Potsdamer Privatiers Theodor Köppen, der als Kaufmann ein Vermögen verdient hatte. Nebenbei machte er sich einen Namen als Ornithologe. Seit 1872 hielt er sich in seinem Garten Nachtigallen, Sprosser und Lockvögel zum Zweck der Wiederansiedlung in Coburg. Nach Köppens Tod 1893 verkauften die Erben die Villa. 1910 erwarb der Gastronom Eberhard Friedmann das Anwesen und eröffnete dort unter dem Namen

„Parkhotel“ einen Übernachtungsbetrieb mit angeschlossener Gastronomie. In dieser Zeit entstand auch das historische Foto, das die Villa Köppen aus Richtung der 1783 erbauten Judenbrücke zeigt.

Dem Hotel war jedoch keine lange Lebensdauer beschieden. Bereits 1913 musste es Konkurs anmelden. Danach war in dem Haus eine Korbwarenfabrik untergebracht. Gleichzeitig wurde die großzügige Raumaufteilung der Villa aufgelöst und es wurden sieben Wohnungen eingebaut. Ab 1931 verfiel die Bausubstanz des Gebäudes. Beim Ausbau des Neuen Weges zu einer vierspurigen Stadtautobahn wurde die Villa 1977 abgerissen. An ihrer Stelle befindet sich heute eine Einfädelspur. Erhalten blieb dagegen bis in die Gegenwart die Judenbrücke.

Webergasse

Im alten Coburg war die Tuchweberei weit verbreitet. Schon 1386 siedelte die Markgräfin Katharina von Meißen zwölf auswärtige Tuchmacher in der Vestestadt an. Die Handwerksmeister ließen sich damals in der Webergasse nieder, die 1399 erstmals erwähnt wurde. In der Folgezeit entwickelte sich die Straße zum Produktions- und Lebensbereich der Tuchweber. Sichtbarster Ausdruck ihrer Tätigkeit war der Tuchrahmen in der benachbarten Walkmühlgasse, auf dem die Textilien gespannt und getrocknet wurden. Die aufkommende Industrialisierung im 19. Jahrhundert bedeutete jedoch den Untergang des handwerklichen Tuchmachergewerbes. Für dessen Erhaltung zeigten die Handwerksmeister viel Gemeinschaftssinn. So schlossen sie sich um 1850 zu einer Genossenschaft zusammen und betrieben

gemeinsam eine Walkmühle, in der sie ihr Tuch verfilzten und pressten. Den Niedergang der handwerklichen Tuchmacherei verzögerte dies aber nur. Gab es 1865 noch 26 Tuchmacher, so sank ihre Zahl in den folgenden Jahren deutlich ab. 1935 starb schließlich der letzte Tuchmachermeister im Alter von 87 Jahren.

Das historische Foto zeigt die Situation der Webergasse in den 1970er-Jahren. Damals standen noch viele der alten Tuchmacherhäuser. Bei der ersten Coburger Altstadtsanierung wurden diese Häuser nach 1973 größtenteils abgerissen. An ihrer Stelle entstanden moderne Neubauten, welche die Wohnqualität des Stadtviertels spürbar aufwerteten, und ein Parkhaus, dessen Architektur das Erscheinungsbild der heutigen Webergasse maßgeblich prägt.

Mauer

In Coburg wird unter dem Begriff Mauer nicht nur eine Wand verstanden, es ist auch ein Straßenname. Er erinnert an die frühere Coburger Stadtmauer, die hier verlief. Ursprünglich gab es zwei Mauerringe. Der innere und ältere Ring wurde in der ersten Hälfte des 13. Jahrhunderts errichtet. Er bestand aus vier Stadttoren und acht Türmen. Ab dem 14. Jahrhundert wurde vermutlich mit der Befestigung der Vorstädte begonnen, wodurch Coburg einen zweiten Stadtmauerring erhielt. Dieser wies acht Stadttore und zwei Türme auf. Auf dem historischen Foto aus der Zeit um 1910 lässt sich anhand der linken Häuserzeile der Verlauf der inneren Stadtbefestigung vom Spital- in Richtung Judentor erkennen. Die Wohnungen dort waren wenig begehrt. Die Vorstellung, ständig auf eine graue Sandsteinmauer blicken zu müssen, war für die Menschen wenig reizvoll. Zudem konnten die Stadtwächter von der Mauer herab in die Wohnstuben blicken, was viele Bürger als störend empfanden. Aus diesem Grund lebten an der Stadtmauer nur Angehörige der unteren sozialen Schichten. Ab 1798 begann Coburg damit, seine Stadtbefestigung abzureißen. Sie hatte im Lauf der Zeit ihre militärische Bedeutung verloren. Bis 1900 waren die letzten Reste in diesem Bereich verschwunden.

Heute präsentiert sich diese Straße als Fußgängerzone. Viele Wohnhäuser wurden dort in den letzten 40 Jahren abgebrochen und durch Neubauten ersetzt. Jenseits der ehemaligen Stadtmauer befanden sich bis 1975 Gärten. An ihrer Stelle entstand bis 1977 das Parkhaus Mauer mit über 440 Stellplätzen.

Spitalgasse

Die 1396 erstmals erwähnte Spitalgasse verband den Markt mit dem vor 1291 gegründeten Georgen-Spital, das sich hinter dem hier zu sehenden Spitaltor befand. Die Straße bildete zusammen mit der Ketschengasse den innerstädtischen Abschnitt der Handelsroute von Nürnberg nach Leipzig. Daher kam es nicht von ungefähr, dass sich in der Spitalgasse viele Handels- und Kaufleute ansiedelten, die hier ihre Waren feilboten. Vom Reichtum dieser Kaufleute zeugen noch einige repräsentative Bürgerhäuser. Daneben gab es viele Gasthöfe, in denen auswärtige Kaufleute übernachten konnten.

Ab den 1860er-Jahren veränderte sich das Bild der Gasse nachhaltig. Damals entstanden die ersten modernen Ladenlokale mit Schaufenstern. 1875 eröffneten schon die ersten Filialgeschäfte. Die Ära der Kauf- und Warenhäuser begann einige Zeit später im Jahr 1903 mit der Einweihung des Kaufhauses Conitzer. In dieser Zeit ist auch das historische Foto entstanden, das den nördlichen Teil der Spitalgasse zeigt.

In den Wirtschaftswunderjahren nahmen der Auto- und Fußgängerverkehr in der Spitalgasse enorm zu. Die Stadt Coburg entschloss sich daher 1982, die Gasse als Fußgängerzone auszuweisen. Die Spitalgasse entwickelte sich danach zum Einkaufszentrum Coburgs. Der allgemeine innerstädtische Strukturwandel machte im 21. Jahrhundert aber auch nicht vor dieser Straße halt. So sind die Kauf- und Warenhäuser früherer Zeiten verschwunden. Deshalb unternimmt die Kommune aktuell große Anstrengungen zu einer Verbesserung der Einkaufsmöglichkeiten und der Aufenthaltsqualität.

Die lange Kram

Im heutigen Stadthaus befinden sich die ältesten Ladengeschäfte Coburgs. Sie entstanden 1438 beim Bau des mittelalterlichen Vogtei-Kaufhauses am Marktplatz. 1516 wurden sie erstmals in einem Steuerbuch erwähnt. Damals befanden sich 17 Kramläden in dem Gebäude. Die dort ansässigen Krämer betrieben seinerzeit einen Gemischtwarenhandel. Ihre Produkte verkauften sie weniger in ihrem Ladengeschäft, sondern meist über die Straße. Beim Bau der herzoglichen Kanzlei unter Herzog Johann Casimir von Sachsen-Coburg zwischen 1597 und 1599 blieben die Kramläden mit einer Ausnahme erhalten und wurden in den Neubau integriert. Da die Geschäfte nebeneinander lagen, bürgerte sich mit der Zeit der Begriff Lange Kram ein. Das historische Foto aus dem Jahr 1910 zeigt zwei dieser Ladengeschäfte an der

Ecke zur Herrngasse. In den Verkaufsgewölben waren damals das Schirmgeschäft von Moritz Engelstädter und die Parfümerie von Hermann Büttner untergebracht. Die Familie Engelstädter präsentiert sich dabei stolz vor ihrem Ladengeschäft.

Im Lauf der Jahrhunderte siedelten sich neue Geschäftszweige an, wobei alteingesessene Händler verschwanden. Zugleich fasste man die kleinen Ladengewölbe zu wenigen großen Geschäftsräumen zusammen. Deshalb existieren nur noch fünf Geschäftslokale an dieser Stelle. Gegenwärtig befinden sich dort eine Kaffeerösterei und ein Café mit Außengastronomie, ein Goldschmiede-Atelier sowie eine Lotto-Annahmestelle. Im hier gezeigten Eckladen zur Herrngasse fand vor einigen Jahren ein Geschäft für Wohnaccessoires eine Heimat.

Stadthaus und Markt

Im Zentrum Coburgs liegt der Markt, der in seiner heutigen Größe und Gestalt im frühen 15. Jahrhundert entstanden ist. Bereits 1414 errichtete die Stadt an der Südseite des Platzes ihr Rathaus. Gegenüber entstand unter Herzog Johann Casimir von Sachsen-Coburg zwischen 1597 und 1599 das Stadthaus. Dort waren viele der Coburger Landesbehörden wie die obersten Gerichte und die Regierung untergebracht. Das Gebäude besitzt deshalb eine große, repräsentative Ausstrahlung und eine üppige künstlerische Ausgestaltung. Hervorzuheben ist daran der Coburger Erker. Es handelt sich um einen Eckerker mit einer tragenden Säule, einer zweistöckigen Konstruktion und einer welschen Haube. Auf dem historischen Foto aus dem Jahr 1910 ist einer der beiden Kanzleierker zu sehen. Insgesamt finden sich vier derartige Erker am Markt.

In der Platzmitte erhebt sich seit 1865 das Denkmal für den Coburger Prinzen Albert, der 1840 die britische Königin Victoria, seine Cousine, geheiratet hatte. Nach Alberts Tod 1861 wurde das Monument auf Anregung der Queen zur Erinnerung an ihren Gatten aufgestellt. An der Einweihung nahm sie zusammen mit acht ihrer neun Kinder teil. Das war aber nicht das erste Mal, dass das Herzogshaus sich den Platz zu eigen machte. Schon Herzog Johann Casimir nutzte ihn für Tierhatzen.

Neben dem fürstlichen Gepräge beherrscht heute das emsige Treiben des Wochenmarktes, der mittwochs und samstags stattfindet, das Bild dieses Platzes. Das Stadthaus dient inzwischen als städtisches Verwaltungsgebäude.

„Residenzcafé“

Eine der bekanntesten Lokalitäten Coburgs war das „Residenzcafé“, das 1911 zunächst in der Spitalgasse eröffnet wurde. Nach einigen Jahren bezog das Café Räume im Haus Judengasse 2. Dort konnte der Inhaber des Cafés, Albert Probst, erstmals Kaffeehauskonzerte abhalten. Im Haus befand sich damals mit dem Apollo-Lichtspieltheater auch eines der ersten Kinos in Coburg. Nach der Schließung des Theaters 1922 übernahm das Café dessen Räumlichkeiten. Das „Resi“, wie es genannt wurde, entwickelte sich dabei zum Tanzcafé. Fortan traten Gruppen auf, die moderne Musik wie Jazz oder Swing spielten. Ein Hauch der Goldenen Zwanzigerjahre durchwehte damit das Residenzcafé. Während der NS-Zeit waren diese Klänge verboten. Damals ist auch das historische Foto entstanden. Erst nach der Einnahme

Coburgs durch die US-Army am Ende des Zweiten Weltkrieges erklangen wieder die beliebten Töne. Bei den amerikanischen Soldaten war deshalb das Residenzcafé sehr beliebt. Hier kamen sie auch in Kontakt mit den deutschen Fräuleins, was anfangs verboten war.

In den 1960er-Jahren ging die Ära der Live-Musik zu Ende. Auch der Musikgeschmack änderte sich. Rock'n'Roll und Beatmusik waren nun bei der tanzbegeisterten Jugend angesagt. So wandelte sich das Residenzcafé in den 1970er-Jahren zu einer Diskothek. Die Musikkapelle wurde durch einen Discjockey ersetzt, der nur noch Schallplatten auflegte. Die Diskothek existierte bis 1986. Danach war bis 2005 in den Räumen eine Gaststätte ansässig. Gegenwärtig befindet sich darin ein Spielsalon.

Hexenturm

Der zu Beginn des 13. Jahrhunderts erbaute Hexenturm gehörte einst zum inneren Stadtmauerring. 1610 erfolgte der Umbau des Stadtturmes und seines Nachbarhauses zu einem Hexengefängnis. Seitdem hieß das Bauwerk in der Bevölkerung Hexenturm. Die Hexenverfolgung war auf dem Gebiet des Fürstentums Coburg erstmals in den 1560er-Jahren aufgetreten. Eine massive, aber kaum homogene Verfolgungswelle wirkte sich dann zwischen 1598 und 1632 aus, wobei sie 1629 ihren Höhepunkt erreichte. Für diesen Zeitraum sind im Bereich des fürstlichen Amts Coburg 81 Fälle dokumentiert. Da eine Verurteilung nur durch ein Geständnis der vermeintlichen Täterin möglich war, diente das Hexengefängnis auch zum „peinlichen Verhör", worunter heute die Folter zu verstehen ist. Geständige wurden zum Tod verurteilt und auf dem östlich der Stadt liegenden Glockenberg hingerichtet. 45 Personen kamen damals so ums Leben. Der letzte Hexenprozess endete in Coburg erst 1691. Das Gefängnis im Hexenturm blieb danach weiter bestehen.

Zwischen 1862 und 1863 wurde der Turm neugotisch verändert und als Strafanstalt aufgegeben. Das historische Foto ist erst wesentlich später, um 1940, entstanden. Damals befand sich im Hexenturm und dem sich anschließenden Gebäude die Coburger Handwerkskammer. Heute nutzt die Gemeinschaft Stadtbild Coburg die Räumlichkeiten für ihre Veranstaltungen. Seit 2014 erinnert eine Gedenktafel an die Opfer der Hexenverfolgung. Gestiftet wurde sie von den beiden christlichen Kirchen, die maßgeblich an der Verfolgung vermeintlicher Hexen beteiligt gewesen waren.

Gesellschaftshaus am Ernstplatz

Die Anlegung des Ernstplatzes am früheren inneren Stadtmauerring begann 1862 und zog sich weit bis in die Kaiserzeit hinein. Hier lebte hauptsächlich das vornehme Bürgertum, das an Kunst und Kultur interessiert war. 1873 errichtete am Platz der sogenannte Verein ein Gesellschaftshaus mit einem Festsaal für 450 Personen. Dort fanden Konzerte, Bälle und Tagungen statt. Auch gab es dort ein Restaurant und ein Billardzimmer.

Ab 1933 war die hiesige NSDAP auf der Suche nach einer repräsentativen Parteizentrale. Die Wahl fiel dabei auf das Gesellschaftshaus. Sie nötigte den Verein, das Gebäude zu einem günstigen Preis zu verkaufen. Die Einweihung des neuen Parteiheims, welches den Namen Adolf Hitlers trug, erfolgte 1934. Das hier zu sehende historische Foto ist sechs Jahre später entstanden und zeigt die NS-Parteizentrale und die nahe gelegene Grünanlage, in deren Mitte sich bis heute ein Kriegerdenkmal für die Gefallenen des Deutsch-Französischen Krieges von 1870 und 1871 befindet.

In den letzten Kriegstagen 1945 wurde das Gesellschaftshaus durch einen amerikanischen Luftangriff zerstört. Die Ruine ragte noch Jahre nach Kriegsende in den Himmel. Zwar erhielt der Verein 1947 das Haus wieder zurück. Eine Wiederbelebung als kulturelles Zentrum war aber nicht mehr möglich. So wurde das Haus 1955 abgerissen. An seiner Stelle entstand ein Verwaltungsgebäude.

Der Ernstplatz ist seit 1973 Teil der durch die Innenstadt führenden Westtangente. Die Grünanlage wurde damals zugunsten einer breiteren Straße verkleinert.

Angerturnhalle

Die Entstehung der Angerturnhalle geht auf das Jahr 1860 zurück, als in Coburg das erste Deutsche Turn- und Jugendfest stattfand. Die zahlreichen Vorführungen weckten bei den Coburgern eine Sportbegeisterung. Die Mitgliederzahl des hiesigen Turnvereins stieg in der Folge von rund 40 auf 200. Der Verein forderte deshalb schon bald den Bau einer Turnhalle, um auch im Winter Übungen abhalten zu können. 1866 wurde eine solche Sportstätte auf dem Ketschenanger eröffnet. Dort fanden nicht nur die Turnvereine eine neue Heimat, sondern auch der Schulsport. Zunächst durften aber nur Knaben am Turnunterricht teilnehmen. Erst 1869 stand die Halle auch für das Mädchenturnen offen. Ab dem Frühjahr 1888 wurden dort auf Initiative der Coburger Turnlehrer Jugend- und Volksspiele nach englischem Vorbild

abgehalten. Dadurch wurden vor allem Ballsportarten wie beispielsweise Fußball gefördert. Die sportliche Vielfalt kommt auch auf dem historischen Foto von 1905 zum Ausdruck. Dort posiert ein unbekannter Turnverein mit zahlreichen Sportgeräten vor der Kamera.

1893 erreichte die Turnhalle mit dem Rückgang der Kindersterblichkeit und steigenden Einwohnerzahlen ihre Kapazitätsgrenze. Man entschied sich daher, die Sportstätte zu erweitern. Bis 1977 war die Turnhalle in Betrieb. Zu dieser Zeit entstand am Ketschenanger eine moderne Sporthalle, die den Schul- und Vereinssport aufnahm. Diese neue Angerturnhalle wurde 2018 wieder abgerissen. Im heute noch existierenden Vorgängerbau ist seit 1986 ein Jugendzentrum untergebracht.

Städtische Werke

Im Jahr 1854 eröffnete der Augsburger Unternehmer Ludwig August Riedinger in Coburg eine Fabrik zur Holzgaserzeugung. Schon bald erfolgte die Umstellung auf Kohlevergasung. Zur Sicherung der Energieversorgung erwarb 1885 die Stadt Coburg das Gaswerk. Sie ließ Anfang des 20. Jahrhunderts das Werk ausbauen, nachdem der Verbrauch von Gas auf 1,2 Millionen Kubikmeter pro Jahr angewachsen war. Weitere Baumaßnahmen folgten, sodass 1953 jährlich 6,1 Millionen Kubikmeter Gas erzeugt werden konnten. Das städtische Unternehmen beschränkte sich aber nicht auf die Gaserzeugung. 1894 übernahm es auch die Trinkwasserversorgung. 15 Jahre später eröffnete das erste Elektrizitätswerk. Das historische Foto aus dem Jahr 1910 zeigt den Haupteingang zum Gelände des inzwischen entstandenen Städtischen Gas-, Wasser- und

Elektrizitätswerkes. 1912 wurden die drei Betriebe unter einer einheitlichen Leitung zusammengefasst. Das Unternehmen hieß ab 1953 Städtische Werke Überlandwerke Coburg (SÜC).

Seitdem veränderte sich die Energieversorgung weiter. 1957 eröffnete das Unternehmen ein Fernheizkraftwerk, das bis 1988 in Betrieb war. 1965 wurde das Gaswerk nach über 100 Jahren stillgelegt und zurückgebaut. Dabei wurde auf die Versorgung mit Erdgas umgestellt. Der Umfang der Strom- und Trinkwasserversorgung nahm weiter zu. Auch neue Geschäftsfelder etablierten sich. So stiegen die Städtischen Werke 1999 als Dienstleistungsunternehmen in die Internetversorgung ein. Diese Veränderungen machten 2006 den Bau eines neuen Verwaltungsgebäudes an einer anderen Stelle des Werksgeländes notwendig.

Wasserbehälter am Plattenäcker

Das Plateau des westlich der Coburger Altstadt liegenden Plattenäckers war zu Beginn des 19. Jahrhunderts von Äckern und Wiesen geprägt. 1827 erwarb der Coburger Prinz Leopold das Areal, um dort einen öffentlichen Park anzulegen. Seine Wahl zum König der Belgier 1831 brachte das Projekt aber ins Stocken. Mit Zustimmung des Monarchen wurden die Äcker und Felder zunächst in Kleingärten für Unbemittelte umgewandelt. Daraus entwickelte sich mit der Zeit eine Schrebergartenkolonie. Die Umgestaltung zur öffentlichen Gartenanlage erfolgte erst zwischen 1860 und 1862. Die Anlage trug fortan die Bezeichnung Park Leopoldhöhe. Nach dem Tod des Königs 1865 wurde der Park an die Stadt Coburg verkauft. Diese errichtete 1914 an seinem südlichen Ende einen Wasserspeicher mit klassizistischer Säulen-

front und zwei Treppenaufgängen, die noch heute zu einem Aussichtspunkt führen. Auf der historischen Aufnahme aus der Zeit um 1915 ist dieses Bauwerk gut zu erkennen. Es handelt sich dabei um einen Hochbehälter mit einem Aufnahmevermögen von 2.500 Kubikmetern. Vor dem Wasserbehälter befindet sich eine Sitzgruppe, die 1862 bei der Anlegung des Parks aufgestellt worden war.

Von der Grünanlage König Leopolds sind heute nur noch Bruchstücke erhalten. Im Jahr 1966 fiel ein Großteil des Parks dem Bau eines neuen Berufsschulzentrums zum Opfer, das 1970 eröffnet wurde. Zugleich verschwanden in diesem Bereich die Schrebergärten. Erhalten blieb dagegen der Wasserbehälter, der aber inzwischen von Bäumen und Sträuchern umwachsen ist.

Schlachthofkreuzung

Für Jahrzehnte stellte die Schlachthofkreuzung das schwierigste Verkehrsproblem Coburgs dar. Benannt wurde sie nach dem städtischen Schlachthof, der sich ganz in ihrer Nähe befand. Auf dem historischen Bild von 1960 ist in der Bildmitte sogar das Verwaltungsgebäude des 1880 eröffneten Betriebes zu sehen. Auf der Schlachthofkreuzung trafen insgesamt sechs Straßen aufeinander. In der Kreuzungsmitte lag zudem ein Bahnübergang. Es kam deshalb ab den 1950er-Jahren oft zu chaotischen Zuständen und längeren Verkehrsstaus. Dies zwang die politisch Verantwortlichen zum Handeln. 1970 wurden daher Pläne zum Bau einer Brücke über die Bahnanlagen erarbeitet. Für dieses Projekt mussten jedoch zahlreiche Wohnhäuser abgerissen werden. Die Abbrucharbeiten begannen 1974 und endeten 1990. Zu den Gebäuden,

die damals abgebrochen wurden, gehörte auch die Gaststätte „Mohrenkeller". Dieses Lokal befand sich an der südwestlichen Ecke der Schlachthofkreuzung und ist auf der rechten Seite des historischen Fotos zu sehen. Das dreigliedrige Jugendstilgebäude verschwand 1977.

Bis die Brücke befahren werden konnte, dauerte es mehr als 20 Jahre. Erst 1991 begannen für sie die Bauarbeiten. Dabei entstand eine Spannbetonbrücke mit einer Länge von 179 Metern. 1994 wurde das Bauwerk für über 26 Millionen Mark fertiggestellt. Es erhielt die Bezeichnung Frankenbrücke. Bis heute hat sich der Verkehr in diesem Bereich weiter intensiviert. Dementsprechend wird immer wieder über den Ausbau des dortigen Straßennetzes diskutiert. Dies geschah zuletzt 2021.

Güterbahnhof

Steigende Einwohnerzahlen und wirtschaftlicher Aufschwung sorgten dafür, dass bereits in den 1890er-Jahren der kombinierte Coburger Personen- und Güterbahnhof die Kapazitätsgrenze erreichte. Die Stadt Coburg forderte daher ab 1895 den Bau eines neuen Güterbahnhofs an anderer Stelle. Allerdings begannen die dazu notwendigen Planungen erst 1898. Nach zweijähriger Bauzeit wurde der Güterbahnhof 1903 eröffnet. Neben dem Güterschuppen entstanden damals ein Wasserturm, ein Übernachtungsgebäude für Bahnbedienstete und ein Lokomotivschuppen. Coburger Unternehmen unterhielten zudem auf dem Gelände Büros oder Lagerhäuser. Während des Ersten Weltkrieges kamen hier verwundete Soldaten an. Versorgt wurden sie von der Freiwilligen Sanitätskolonne Coburg, einer Vorgängerin des Bayerischen Roten Kreuzes. Das historische Foto aus dem Jahr 1917 zeigt Ärzte und Sanitäter mit ihren Verwundeten-Transportwagen vor dem Güterschuppen. Die Wagen brachten die Verwundeten in die nahe gelegenen Lazarette. Während des Zweiten Weltkrieges wurde das Areal durch zwei amerikanische Luftangriffe teilweise zerstört.

In den Wirtschaftswunderjahren erlebte der Güterbahnhof seine größte Ausdehnung. Der Wechsel des Güterverkehrs von der Schiene auf die Straße führte aber ab 1967 zum Niedergang des Bahnhofs. Schließlich entschied die Deutsche Bahn 1997, den Güterbahnhof aufzugeben. 2013 erwarb die Stadt Coburg das Areal. Seither werden dort großflächige Veränderungen vorgenommen, weil das Gelände zukünftig als Veranstaltungsort dienen soll.

Bildnachweis

Initiative Stadtmuseum Coburg: Einband vorne und hinten, S. IV, 2, 10, 12, 14, 18, 26, 36, 40, 42, 44, 46, 52, 54, 60, 62, 64, 68, 74, 78, 84, 86, 88, 90, 98, 112, 114, 118, 120.
Staatsarchiv Coburg: S. 20, 22, 24, 38, 56, 76, 80, 82, 96, 104, 106, 108.
Stadtarchiv Coburg: Vorsatz, S. 16.
Städtische Sammlungen Coburg: S. 28, 32, 34, 92, 110.
Sammlung Christian Boseckert: S. 8, 48, 50, 70, 100, 102, Nachsatz sowie sämtliche aktuelle Fotoaufnahmen.
Sammlung Rolf Metzner: S, 66, 116.
Sammlung Karl-Ulrich Pachale: S. 30, 58, 72, 94.

Einband vorn: Das Coburger Rathaus, um 1910 und heute.
Vorsatz: Stadtplan von Coburg von 1928.
Nachsatz: Veste Coburg um 1895.
Einband hinten: Blick vom Adamiberg auf Coburg, um 1900 und heute.

Blick durch die inzwischen abgerissenen Pergolen der Rosenschau zum 1906 errichteten Sintflutbrunnen.

Über den Autor

Christian Boseckert kam 1981 in Coburg zur Welt. Er studierte Geschichte an den Universitäten Darmstadt, Erlangen und Würzburg. 2018 promovierte er über das Leben des Coburger Herzogs Casimir. Er ist seit 2017 Dozent am Lehrstuhl für Fränkische Landesgeschichte in Würzburg und seit 2020 Coburger Stadtheimatpfleger. Daneben fungiert er als Zweiter Vorsitzender der Historischen Gesellschaft Coburg.

Impressum
Sutton Verlag GmbH
Infanteriestraße 11 a
80797 München
www.suttonverlag.de

2. Auflage 2025
ISBN: 978-3-96303-422-0
Druck: Florjančič Tisk d.o.o. / Slowenien
Gestaltung und Herstellung: Sutton Verlag
Lektorat: Matthias Kunstmann, Karlsruhe